JN085369

一般社団法人日本パートナーCFO協会代表理事

高森厚太郎 著

中小・ベンチャー企業

CFOの教科書

の教科書

Chief Financial Officer

中央経済社

は じ め に

　私は現在，5社の中小ベンチャーや中小企業の社外CFOです。「身分は社外に置きながらも，クライアントである経営者（CEO等）の厚い信頼を得てCFO業務を遂行するかけがえのない経営パートナー」という意味を込め，私は自分の立場を「パートナーCFO®」(*)と名乗っています。この話をすると大抵，「外部から経営参画なんてできるの？」，「そんなニーズなんてあるの？」という疑問をぶつけられます。私の答えは，「できるんです」「あるんです」。

　ここで重要なのは，私が「パートナー」という言葉に，単なる経理財務や管理のスペシャリストやアドバイザーにとどまらない，当該企業の最高経営相談役たりうる立場という意味を込めていることです。

　一般的に皆さんがイメージするCFOという役職は，経理財務（ファイナンス）部門の社内責任者で社外窓口。すなわち次ページ　図1　における「狭義のCFO」のイメージか，せいぜいそれにプラスして人事総務や法務などのコーポレート部門も見ている役職というくらいのイメージではないでしょうか。

　これに対して，私がCFO職に期待するのは次ページ　図1　における「攻めのCFO」の業務範囲です。言うなれば，「経営参謀としてストラテジー（経営企画）に起点を置きつつ，バックオフィスの全部門を所掌。成長戦略をナビゲートしつつ，経営効率（生産性）を上げて企業価値を向上させる原動力たる存在」です。こうした職能を持ちあわせた「攻めのCFO」であれば，身分が社内にあろうがプロCFOとして社外にあろうが，経営参画が「でき」ますし，ニーズも「ある」のです。

　最近は，日本でも欧米型の「CxO」経営体制を敷く企業が増えてきまし

た。そのなかでCFO（最高財務責任者）は，CEO（最高経営責任者）や
COO（最高執行責任者）などの事業系経営陣と並んで，他に優先して置
かれることの多い管理系経営陣です。

　大企業や上場企業のなかには，この他にコーポレート部門の責任者とし
てCHRO（最高人事責任者），経営企画や広報IRの責任者としてCSO（最
高戦略責任者）などを盤石に配備しているところもあるでしょう。しかし，
中小ベンチャーや中小企業においては，せいぜい経営者の他に事業系経営
陣を数名置くのが精一杯。管理系経営陣の常設は，なかなか人材もいない
し，そもそも費用的に無理だし，高度な案件の発生頻度もそれほど高くな
いからまだ先でいい，というところが多いのではないでしょうか。この場
合，必然的にそうした高度な仕事のさばきは経営者ひとりの両肩にのしか
かってきます。が，企業が成長するにつれ，どんな経営者も，経営・事
業・組織などがわかっていて，経営マターの調査分析・資料作成・内外調

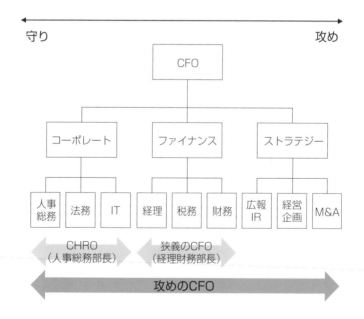

図1　「攻めのCFO」の業務範囲

整などを一手に引き受けてくれる客観的かつ実用的な存在が，常駐でなくともせめて近くにいてほしいと思いはじめたりするものです。ここにプロ社外CFO（パートナーCFO®）の存在意義があるのです。

　この本では，まず第1章で，中小ベンチャーあるいは中小企業におけるCFOの業務の全体像をつかみます。そして第2章以降で，そのなかでも重点的に知っておくべき業務とその遂行ノウハウを説明していきます。これらの知識やノウハウは，CFOとして身分を社内に置こうが社外に置こうが有効に活用できるものです。

　CFOにできることは，たぶん皆さんが考えている以上に広範囲で，それゆえ可能性とやりがいに満ちています。ご一読され，足りない知識やノウハウがあれば補填し，ご自身の得意分野に磨きをかけて，是非ともプロフェッショナルな「攻めのCFO」を目指してください。

令和2年4月

高森　厚太郎

（＊）「パートナーCFO」は，プレセアコンサルティング株式会社の登録商標です。（登録　No.6100959）

目次

第3章 | PL/CF改善

中小ベンチャーの経営とCFO

第1章では，中小ベンチャーにおける経営者の役割と，それを支えるCFOの業務について解説します。

CASE1　創業１年目，ABラーニングの立ち上げカオス

　（株）ABラーニングは，まもなく創業１年目を迎えるEd-Techベンチャー企業。資格教育をオンライン形式で提供することにより，学費を抑えられるという価格メリットを武器に，ここ１年で急成長している。

　創業者で現CEOのAは，自身が資格試験にストレートで合格した際の効率的な学習法そのものがビジネスになると考えた。そんなAが大学時代の先輩でe-ラーニング事業経験者であるBを誘って立ち上げたのが（株）ABラーニングだ。そうした起業経緯から，Aが講義内容を考えて実際に講師を務める（コンテンツ面），Bが受講生募集やシステム整備などを担当する（オペレーション面），という非常にざっくりとした業務のすみ分けで会社はスタートした。

　立ち上げ当初は，Aによる密度の濃い授業メニューと，良心的な価格設定に，２人の想定以上の受講者が集まった。その後もネットの口コミに後押しされる形で受講者数は面白いように増えていった。

　ところが半年も経つと，新規受講者獲得数が頭打ちになってきた。価格や口コミの新鮮さや衝撃度が薄れたせいはあるだろう。同業他社もジリジリと値引きを開始している。次に口コミがバズるのは，早くても実際の合格者数が出てからになるだろう。２人とも会社の立ち上げ当初にはあまり深く考えていなかったが，同社が扱う資格試験の受験者自体が減り続けていて，昨今はピーク時の半数にまで落ち込んでいるという背景がそもそもあった。

　一方，（株）ABラーニングが２人の給与と事業経費をまかなっていくには，単純計算で月に最低20人の新規受講者獲得が必要だった。Aは別講座の開設を急いだ。ところがAの専門以外の講座を開発するには別の専門家

に発注する必要があった。Bの方は宣伝マーケティングに力を入れようとしたが，Bの専門はシステム構築などオペレーション面の方だったので，結局ネットマーケティング全般に詳しい若い学生アルバイトを雇い入れることになった。

　カオスはすぐにやってきた。事業を維持するために，AもBもなんでも屋になった。社長であるA自ら，オプションのスクーリング講座の講師をし，受講者たちから寄せられる質問に一つ一つ回答し，外部スタッフを使った他講座の監修もした。Bは受講料の管理からシステム・バグの対応，外部スタッフやアルバイトの労務管理，あるいは会社の決算対応などに追われた。イレギュラーなことや難しいことが起こるたびに専門家を見つけて対応することになり，予定外の出費もかさんだが，一度スタートした講座を途中で閉じることはできない。もうすぐ開講1年の節目もやってくる。開講時に宣伝文句として使った「不合格の場合，一部返金保証」の約束も履行しなければならないが，その返金に対応できるだけの資金のプールは行っていない。なんとか2年目をむかえさえすれば，今年のノウハウがある程度は使えるはずなのだが……。

　（株）ABラーニングの運命は，今や受講生たちの合格率にかかっている……。

中小ベンチャーの経営

■ アーリーステージの中小ベンチャーの実態

　少々極端でしたが，冒頭の（株）ABラーニング社と似たようなカオス
は，多くのアーリーステージの中小ベンチャーで多かれ少なかれ起こって
いるのではないでしょうか。「商品はできた。これから事業化を前にやる
ことがいっぱい。とにかく今は事業（作る，売る）が最優先。管理（回
す）なんかは後回し」。アーリーステージの中小ベンチャーの実情は，お
そらくそんなところではないでしょうか。

　なによりまず売上がないとお金が回らず，次のステージどころか明日の
メシも見えません。全社的に事業（作る，売る）が最優先というスタンス
は至極当然の判断です。ところが事業化が進むにつれ，経営者は経理財務，
法務，庶務といった煩雑で多岐にわたる業務に思いがけず意識と時間をと
られるようになっていきます。すると，たとえば資金調達や成長戦略の策
定など，経営者にしかできない本質的に最重要の業務に次第に支障が出始
めます。これではいけないと，雑多な業務を任せられるスタッフをとりあ
えず採用する。すると今度は，社員の面倒を見ることやスキルやマインド
教育など，組織マネジメント業務が新たに発生してきます。いつの間にか
経営者は目の前の問題にその都度対処する一方の「もぐら叩き」に終始し，
ますます肝心な業務に頭が回らなくなってしまいます。

　こうしたカオスに飲み込まれてしまわないためには，経営者が自分のや
るべき仕事の全体像をあらかじめ体系立てて理解しておくことが有効です。

■ 経営者にしかできない4つの仕事

経営者がカオスのなかで自分の仕事を見失わないために，まず経営者にしかできない仕事，つまりスタッフに振れない，経営者が自分でやるしかない仕事を整理しておきましょう。

私は，中小ベンチャーの経営者に固有の本来的な仕事は以下の4つだと考えています（ 図2 ）。

① 経営理念の作成・浸透
② 実務のPDCAサイクルを回す
③ リソースの調達・配分
④ エグゼクティブへの渉外活動

創業時の中小ベンチャー企業は経営者1人体制のことも多く，その場合は当然，経営者がこれら4つの仕事も含めたすべての仕事を1人で担当することになります。そして企業が成長するにつれ，徐々にスタッフを増や

図2 中小ベンチャー経営者の4つの仕事

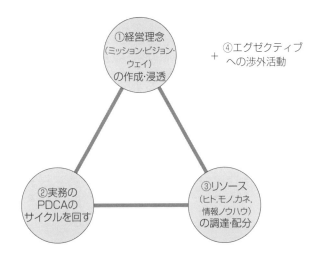

してそれぞれの仕事を適切に委任していきます。ところがこの4つの仕事だけは最後まで，すなわち企業が継続する限り，他の人に任せることはできません。これらは，経営者自身がやらないと企業経営の根幹を揺るがしてしまいかねない，いわば経営の芯ともいうべき経営者に固有の仕事なのです。

■ 経営者の仕事① 経営理念の作成・浸透

　企業を経営する。たとえそこに大それた野望や目標がなかったとしても，すべてが現状のままで満足と考えている経営者はいないのではないでしょうか。どんな企業も大なり小なり改善すべき問題や課題を抱えているでしょうし，未来に向けて少しでも成長したいと考えているはずです。

　では，どこを，なにを目指して企業を成長させていくのか。それを指し示すものが経営理念です。経営理念は 図3 のような要素から構成され

図3 経営理念の構成

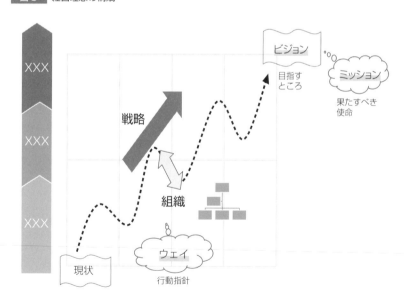

ます。

　右上にある「ビジョン」（VISION）とは，その企業の目指すところ。ビジョン（VISION）には目に見える（VISIBLE）という意味がありますが，３年後や５年後に自分の会社が具体的にどうなっていたいか。その目指すイメージのようなものです。

　そしてその横にある「ミッション」（MISSION）は，果たすべき使命。なに or どこ（WHAT or WHERE）を目指すのかを示すビジョンに対し，なぜ（WHY）そのビジョンを目指したいのかという企業の動機にあたるものがミッションです。

　ミッションは，経営者（創業者）が決めるべきものです。というより，ミッション（動機）はそもそもの起業理由に限りなく近いものです。その意味で，ミッションは理屈で決まるものでも，誰かと議論して決まるものでもありません。起業した経営者なり創業者なりが心のなかに本来的に持っているはずのものです。ビジョンは企業の成長に応じて変わっていくことがありますが，ミッションは企業が存続する限り基本的に不変です。

　ミッションに基づいてビジョンを定めた経営者は，その実現に向けて粛々と業務を遂行していきます。その際の具体的方策や方向性を示したものが「戦略」です。まず必要なのは全社的な戦略。それができたところで，全社戦略をトータルで達成しうるように遺漏なく噛み砕いた部門別戦略（たとえばマーケティング戦略や財務戦略）を策定していきます。

　並行して，その戦略を効率的に現実化していくための手段として「組織」を作ります。組織はヒトの集まりですから，組織が大きくなる，ヒトが増えていく，変わっていくにつれて，企業内に複数の異なる価値観や行動様式が生まれてくるものです。これをコントロールして皆に同じ方向を向いてもらうために，組織内のスタンダードとなる価値観や行動様式を醸

成していく必要があります。このスタンダードが「ウェイ」（WAY），行動指針です。ウェイは，企業によって明文化されている場合もされていない場合もあります。

こうしたミッションとビジョンにウェイまでを含めたものを総称して，私は「経営理念」と呼んでいます。企業内に経営理念が策定されていなかったり浸透していなかったりすると，各スタッフの業務に矛盾や遺漏が生じてしまい，企業の成長が阻害される恐れがあります。だからこそミッションやビジョンをスタッフ一人一人にはっきりと指し示し，組織内の行動指針を徹底させていく，強いリーダーシップが必要になります。経営理念を作ることも，浸透させていくことも，経営者しかできないことなのです。

■ 経営者の仕事②　実務のPDCAを回す

前項で示した経営理念は，策定した時点ではあくまで机上のものです。絵に描いた餅になってしまわないよう，現実化していかなければなりません。ところがそれを現実化する際には，煩雑で多岐にわたる業務が発生してきます。たとえばメーカーであれば，商品開発，顧客営業，カスタマーサポート……。経営者はそういう実務の全体を把握し，回し，監督していかなければなりません。

経営戦略に基づいて実行計画を立て（Plan），組織を使ってそれを実行していく（Do）。実行後に過程や結果をチェック＆レビューし（Check），必要ならば改善を施して次期の戦略や計画に活かしていく（Action）。この「実務のPDCAのサイクル」（ 図4 ）をぐるぐると回して企業を成長させていくことも，企業が継続する限り経営者が半永久的にやり続けなければならない根幹の仕事です。

図4　実務のPDCAのサイクル

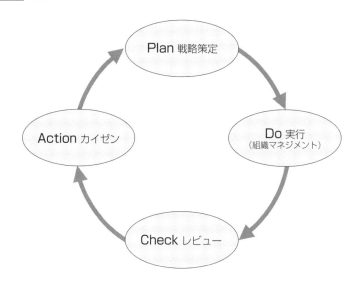

■ 経営者の仕事③　リソースの調達・配分

　企業は成長するにつれ，「ヒト」「モノ」「カネ」といった経営資源（リソース）を補充・補強する必要が出てきます。もう一つ大切なリソースとして加えたいものに「情報ノウハウ」があります。顧客情報や運営ノウハウなど，企業内で蓄積・共有していくべき知恵のようなものです。企業が未来に向けて円滑に事業を運営していくには，こうしたリソースの調達が随時必要になります。

　大企業であれば，こうしたリソースの調達は，「ヒト」なら人事部，「カネ」なら財務部というように，各部署の専門スタッフが担当することでしょう。しかし中小ベンチャーのリソース調達は経営者その人に依るところが大きくなります。会社の名前が世間に浸透しているわけではまだないでしょうから，「ヒト」の採用は経営者自身の魅力にかかってくるでしょうし，銀行や投資家も経営者の資質やスキルを見て「カネ」の投融資を判断するでしょう。その意味でリソースの調達はやはり経営者にしかできな

図5 企業の経営資源（リソース）

ヒト	モノ
□ スタッフ □ パートナー	□ 製品／サービス □ 工場／店舗
カネ	**情報ノウハウ**
□ 初期投資 □ 運転資金	□ 顧客情報DB □ 運営ノウハウ

い仕事です。

　さらに，集まった「ヒト」や「モノ」や「カネ」や「情報ノウハウ」を
どの仕事にどう紐付けていくか，つまりリソースの配分も経営者の仕事に
なります。現場に配分を任せると，ともすれば各部門の個別最適の主張合
戦になってしまいがちです。そうではなく，経営者自身が会社全体を見据
えた上での経営判断によって全体最適の配分を行うべきです。企業全体の
マネジメントに最終的に責任を持てる（持たなければならない）のは経営
者だけなのですから。

■ 経営者の仕事④　エグゼクティブへの渉外活動

　中小企業，大企業を問わず，経営者や幹部メンバーが接待やゴルフばか
りという悪口・愚痴はよく出るものです。緊急案件があってもなかなかつ
かまらないし，このご時世にそもそも経費を使いすぎ。自分たちが休む間
もなく必死に働いて会社を支えているのに……。そんな従業員のぼやきが
聞こえてきます。

でも，実はそうした経営者の社外活動には意外と大きな成果があったりします。特にそうした「遊び」の相手がエグゼクティブクラスである場合，新たなビジネスチャンスが見つかったり，大きな情報交換ができたりします。こうした社外活動は経営者が「ネタ」を拾ってくる重要な場の一つなのです。

　企業というものは，放置しておくと既存の事業を回すことだけで完結・満足してしまうものです。中にいるスタッフが自ら頭をひねり，身体を使って，企業を成長させようとする積極的な理由はありません。それゆえ企業を現状維持でなく拡大・成長させていくためには経営者が自ら外に出て動くことが必要です。そのための時間やお金は，あえて捻出していかなければならないのです。

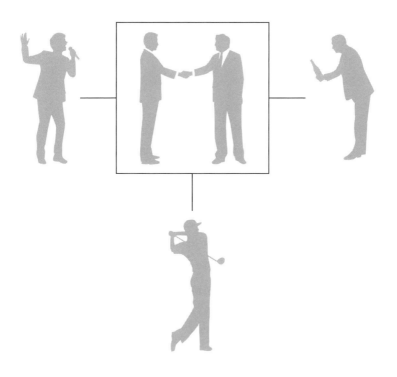

1-2

中小ベンチャー経営者の悩み

■ 成長段階に応じて変わる経営者の悩み

次に，冒頭ケースのようなカオスの渦中では一緒くたになってしまいがちな中小ベンチャーの経営者の悩みを整理してみましょう。

経営者の悩みは，企業の成長段階（フェーズ）に応じて変化していきます。その大まかな推移を，これまでの私の経験や見聞をもとに ■図6■ としてまとめてみました。縦軸は従業員数および粗利，横軸は時間です。

図6 企業の成長段階に応じて変わる経営者の悩み

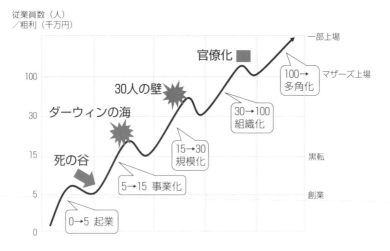

■ 経営者の悩み①　起業フェーズ「死の谷」

　起業フェーズ，私の感覚でいくと従業員数が経営者１人だけからスタッフあわせて５人くらいまで，かつ粗利が５千万円に満たない段階の企業が陥りがちなのは「死の谷」です。起業して，これならイケると信じられる商品やサービスが完成し，さあサービスインしようとするこのフェーズでは，まとまった資金が必要になります。いわゆるシードマネーです。ベンチャーキャピタルがシードマネーを投資してくれるなんてケースもありますが，それは必ずしも数多くあるケースではありません。大半の中小ベンチャーは３F──創業者（Founder），友達（Friend），家族（Family）による出資が原資でしょう。その最初のシードマネーが，企業が存続していくのに必要な粗利を確保できるようになる前に尽きてしまうのが「死の谷」です。

■ 経営者の悩み②　事業化フェーズ「ダーウィンの海」

　この「死の谷」を，売上努力を継続しつつ，追加出資や他の資金繰りなどでしのいだりしながらなんとか乗り越えると，徐々に事業が回るようになってきます。これが事業化フェーズです。このフェーズで経営者は，よりよい商品やサービスをより多くの顧客に提供すべく，事業にチューニングを随時施しながら，設備投資やマーケティング投資なども積極的に行っていきます。このフェーズで目指したいのは黒字転換です。私の感覚で言うと，従業員１人あたりの粗利が１千万円を超えてくると黒字転換が見えてくるのではないでしょうか。従業員が15人の企業なら売上３億円，粗利1.5億円ぐらいの事業規模というところです。

　ところで１つの企業で３億円の売上を上げられるということは，その商品やサービスにそれなりの規模のマーケットが存在することを意味します。当然，そのマーケットを狙って競争を仕掛けてくる競合他社が高い確率で現れます。その競争のなかで適者生存できずに溺れてしまう。これが

「ダーウィンの海」です。実際，このフェーズで成長が止まってしまうベンチャー企業は数多くあります。そのまま倒産してしまうベンチャーもありますし，倒産は免れつつも黒字と赤字を行ったり来たりしながらなんとか生きながらえている「リビングデッド」状態のベンチャーもたくさん存在しています。

■ 経営者の悩み③　規模化フェーズ「30人の壁」

　「ダーウィンの海」を泳ぎきり，事業化が成功して黒字転換し，安定的にカネが回りはじめると，企業は規模化のフェーズを迎えます。このフェーズでは，商品やサービスを提供すればするほど売上が上がり，銀行や投資家からの投融資も受けやすくなっていることでしょう。旺盛な事業拡大から，ヒトも続々と入ってきます。ところがこのフェーズの企業ではまだ社内の人事評価・報奨制度などが整っていないことも多く，入ってくる人材のスキルやマインドもまちまちだったりすると，次第に社内にひずみが生じてきます。スタッフ間だけでなく，経営とスタッフでモチベーションの足並みも揃わないなど，各所で気持ちの乖離が見られるようになると，マネジメント経験のあまりない経営者などはお手上げ状態になってしまいます。従業員数が30人くらいまで増えてくると，そうしたマネジメント面のひずみで企業の成長が止まったり，社内分裂が起きたりするケースが見られることも。俗に言う「30人の壁」です。

■ 経営者の悩み④　組織化フェーズ「官僚化」

　従業員数が3，40人を超えてくると，さすがに経営者1人で全員を見ることは難しくなります。50人規模になれば中間管理職は必須です。これが組織化のフェーズです。このフェーズでは社内の人事評価・報奨制度なども整い，いわゆる「きちんとした会社」になってきています。企業名も世間に浸透しはじめ，社会的信用が得られるようにも。ここでぶつかりうる壁は「官僚化」です。企業名に安心感があり，給与も安定的に支払われる

会社になれば，サラリーマン気質の官僚的な従業員が相対的に増えてきます。一方，規模化・組織化した段階の企業はさらなる収益拡大のために新市場開拓や新商品開発，はたまた事業の多角化を目指さねばならないことも多く，それには官僚的でない柔軟でフロンティア精神のある人材が必要になります。しかし，「きちんとした会社」にそういうフロンティア精神ある人材がいるかというと……，そうした人材を採用したとしても会社になじんで力を発揮してくれるかというと……です。

■ 経営者の悩み⑤　多角化フェーズ「この後どうする……？」

　企業というものは上場（IPO）するまではとりあえず一本柱の経営で進むものです。つまり，基本的に一つのヒット商品やサービスを武器に一方向に成長していく。ところが，企業が上場に臨むとしたら，未来に向けてのさらなる「成長ストーリー」が必要になってきます。一本柱の経営ではこれまでの延長線上での成長しか期待できない。それでは，上場する企業，もしくは上場で現れる投資家の期待する株価が形成できない。実際，最近上場する企業には「AIやIoT関連の新商品やサービスの開発をこれからプラスαで実現していきます！」と喧伝する企業が散見されます。いずれにせよ，上場する企業は未来に向けて継続的に株価（企業価値）が上がっていくと信じられるような根拠をなにかしら提示する必要があるのです。

　しかし，「成長ストーリー」は言うのは易く，行うのは難し，です。やったことないことなのですからそれもそのはず。たとえば，多角化で成長ストーリーを描いていく，新規事業をモノにしていくというのは，枠の中でしっかり仕事を回していくサラリーマン気質とは相反するものです。官僚化のため，新規事業をモノにしていく人材には事欠いています。

　加えて，上場により社内ルールや内部統制がしっかりして，それを守ろうとすることに意識や時間が取られ，社内がさらに官僚化していくのです。そのせいか，上場後新規事業を打ち出す会社は多くありますが，どれもなかなかモノにならず，業績停滞ならまだしも，業績下降，赤字転落，株価

乱高下もよくある話です。

　なお，中小ベンチャーには，たとえ上場という道を選ばなくても，その分野でキラリと光る存在（優良中堅）であり続けるなどの道もあります。その方向性を決めるのも経営者自身です。

■ 対応には優先順位を

　このように，中小ベンチャーの経営者は間断なく現れる悩みに，その都度適切に対処していかなければなりません。悩みは必ずしも順番にやってくるわけではなく，カオスのように一緒くたにやってくることの方が多いですから，経営者はそうした複数の問題に正しく優先順位をつける必要があります。目の前に現れた問題にもぐら叩きのように対応していると，緊急性こそないが会社にとって非常に重要な業務がいつの間にか後回しになっている場合があります。たとえば目の前の人事案件に追われて事業戦略の策定が後回しになったりすると，会社の成長が突然止まってしまうことにもなりかねません。

　経営者は，次々と現れる問題にどう優先順位をつけ，どう適切に対応していくかに日々頭を悩ませていることでしょう。1人では対処しきれないと思いはじめる経営者も出てくるはずです。

1-3

経営の役割分担

■ 経営の役割分担の必要性

　経営者にしかできない固有の仕事とそれ以外の多岐にわたる雑多な仕事をこなしながら，企業の成長段階に応じた悩みを随時解決していかなければならない中小ベンチャーの経営者が，とても1人では立ち行かない，キャパシティーを超えていると思いはじめた時に出てくるのが，経営の役割分担という考え方です。経営を経営者1人ではなく複数の経営陣で担当する。ごく一般的なのがCEO，COO，CFOの3人体制による経営ですが，私はこの3人体制が経営者固有の4つの仕事を過不足なくカバーする上で非常によくできたシステムだと思っています。

■ CEO，COO，CFOの役割

　CEOは，基本的にはその企業を起業した当人（創業者）が就く立場です。1-1で挙げた4つの仕事の中で①経営理念の作成，なかでもミッションを作成する役割は，この人にしかできません。そもそも起業は創業者の情熱や信念がなければなし得ないものです。その意味で，創業者（CEO）とは「理念を唱えるドン・キホーテ」。自らの理念（ミッション）とその実現手段としての自分の会社を理屈抜きに強烈に信じていて，その理念（ミッション）の達成に向かって脇目も振らずに猛進していく。そればかりか周囲にも同じ理念（ミッション）を信じさせ，自分についてこさせる。そんなエネルギーを持っているのがCEOです。CEOは企業の顔であり，④渉外活動を通じてビジネスチャンスを広げていくべき立場でもあります。

CEOが理念（ミッション）を唱えているだけで事業が成り立ち，自動的に企業が成長していくわけではもちろんありません。理念（ミッション）は実務に落として実行されなければなりませんが，そのオペレーションを担うのがCOOです。言うなれば，COOは「オペレーションを率いる番頭」。②実務のPDCAを回す立場です。CEOが理想を見ているとすれば，COOは現実を見ています。理想と現実を１人の人間の中にあわせ持とうとすると，ともすれば自家中毒を起こしがちです。どちらかを諦めるか，なんとか妥協点を見つけるか，両者とも追求しようとして空中分解してしまうか……。やはり理想と現実は分けて別々の人間の中に持たせた方が合理的と言えます。

　CFOは，CEOやCOOのように事業を推進していく立場ではなく，事業を客観的に俯瞰する立場です。「経営管理担当の参謀」というイメージでしょうか。主として「カネ」に関する部分を見る立場ですが，「ヒト」など組織管理全体を含む③リソースの調達と配分の全社的戦略を整えていく

図7　CEO，COO，CFOの役割

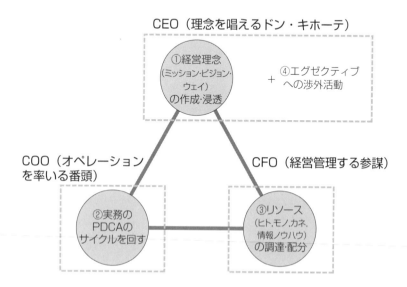

立場です。

　このように，経営者が自らに固有の4つの仕事をこなしていくには，CEO，COO，CFOによる3人経営体制はとても効率的なシステムだと言えるでしょう。

■ 三権分立

　企業内では，CEO，COO，CFOの「三権分立」が確立され，相互に牽制しあっていることが重要です。CEOの独裁状態だと（ベンチャーやオーナー会社にはこのタイプ多いです），理想を追うばかりで現実の数字や人を見られない，進捗管理で組織にプレッシャーをかけるだけの会社になる可能性があります。CEOとCOOのツートップ体制で2人がうまくかみ合っていた場合，CEOのビジョンを語る力とCOOの組織を動かす力で攻めには強いとしても，CFOの冷静で客観的な事業管理力を欠くと，守りには弱くなります。イケイケだった会社が，思わぬ難礁に乗り上げて，ポキッと頓挫した例はいくつでもあげられます。逆にCFOが強すぎると（上場会社はこの傾向あります），企業が守りの態勢に入ってしまい，事業推進力が弱まってしまう可能性があります。この三者の業務の住み分けが合理的にできており，三者の権力や能力が拮抗していて，相互チェック機能も健全に働いている状態が理想的な経営体制と言えるでしょう。

中小ベンチャーCFOの余地

■ CEOに必要なスキル

では，CEO，COO，CFOにはそれぞれどんなスキルが必要でしょうか。

まずCEO（あるいは創業者）に必要なスキルは特にありません。むしろ重要なのはマインドです。たとえ誰も信じなくても，自分だけはその商品なりサービスなり会社なり自分の能力なり運なりを強烈に信じていられるという強烈なマインド，ある種の強烈な思い込みのようなものが必要です。極端に言えば，CEOにはそういうマインドと折れない心，持続するエネルギーがあればいいのです。

CEOに資格試験などはありませんから，その気（本気）になれば誰でもなれるものです。ただし起業する際にお金を集めたり，起業後に会社を持続的に成長させたりしていくには，CEOになにかしら人を惹きつける魅力（CHARM）のようなものが必要です。CEO個人の魅力でなくてその企業ないし事業の魅力でもいいのですが，なにかしら外部の「カネ」や「ヒト」や「モノ」が集まってくる求心力となるものがなければ，企業の持続的な成長は難しいかもしれません。

■ COOに必要なスキル

COOは実務の推進者ですから，自社の事業を正しく理解していること，そして組織を機動的に動かせる力（パワー）を持っていることの両方が必

要です。自社のビジネスを隅々まで知り尽くしていないと，つまりスキルがないと適切なオペレーションはできませんし，人をどう動かしていくかの感性がないと，つまりマインドがないと人はついてきません。その意味で，COOにはバランス感覚が必要です。傾向的にCEOにはエネルギッシュで個性的なタイプの人が多いので，スタッフのオペレーションはCEOが直接行うより比較的バランス感覚のあるCOOが間に入る形で進めた方がスムーズに進む場合が多いように思います。

　ちなみに，COOは内部昇格の形で選出するのがベストだと私は考えています。自社のビジネスを正しく理解し，組織を機動的に動かしていくCOOには，自社で豊富な経験を積み，自社のスタッフをよく知る人材が就任するのがベストです。なかなかCOOに適任者が見つからないという悩みを中小ベンチャーでよく耳にしますが，いったん見つかると経営が安定成長軌道に乗りはじめたりするなど，会社経営にとって非常に重要な存在であることがわかります。

■ CFOに必要なスキル

　CFOは経営を管理する立場です。なかでも「カネ」と「ヒト」の管理においては中心的な立場で，「カネ」の管理ではPL/CFの改善や資金調達，「ヒト」の管理では人事労務などが管轄となります。いずれも専門性の高い高度なスキルが求められる難しい業務で，それに加えて冷静さや論理性，客観性といった資質も不可欠です。ただしマインドの方は実はそれほど必要ないかもしれません。CFOに情熱がありすぎるとあまりよろしくない，CFOは少し冷めているくらいがちょうどいいのでは，というのが私見です。

　CFOはCOOと異なり，内部育成が難しいポジションです。専門性が高いため，一定期間の専門教育が必要になります。まして「ヒト」も「カネ」も見られる人材となると，さらに時間がかかります。それならマルチに見られる人材を外部から調達しようと思っても，そうした専門人材の報

酬水準は中小ベンチャーにとってはハードルが高いことが多いです。仕方がないので当面は社内にCFOは不在のまま，経営者自ら，社外の会計士や税理士，社労士などをその都度組み合わせて回しているという会社が結構多いのではないでしょうか。

■ パートタイムCFOの余地

　こうした中小ベンチャーの特にシードステージやアーリーステージにおいては，CFOには外部のパートタイム人材を雇うのが良策ではないかと考えています。これらのステージは企業が組織化する前の段階ですから，資金調達や経営管理といった高度な案件の発生頻度はまだそれほど高くないはずです。フルタイムのCFOを雇うのは，企業がある程度成長しきってそろそろ上場を目指しますというミドル，レイターステージに入ったあたりで十分だと思うのです。そのフェーズであればさすがに社内にある程度の余剰金もできているはずですから。

中小ベンチャー CFOの全体像

■ 中小ベンチャー CFOの全体像

　ここであらためて中小ベンチャーのCFOの業務を，必須業務からここまでできれば真に重宝されるレベルの業務まで，順に紹介していきましょう。

① 全体管理

　企業の全体を経営管理する業務です。すなわち，企業のミッションやビジョンを確立し（理念策定），それに則って戦略を策定し，組織を整える。戦略を数値に落として事業計画を立て，会議体を設計するなどしながら，

図8 中小ベンチャー CFOの全体像

①	②	③
全体管理	PLCF改善	組織マネジメント
⑧		④
事業再生・承継	中小ベンチャー CFO	資金調達
⑦	⑥	⑤
Exit	新規事業	採用

計画を推進。PDCAを回しながら成長を果たしていくというものです。

　なかでも重要なのが成長戦略です。企業は必ず成長を志向します。経営者（CEO）はいったん事業が回り出せばより多くの利益を上げたいと考えるでしょうし，その事業が世のため人のためになると信じられればより拡大させる使命があると考えるでしょう。このように，成長は企業経営の始まりであり，根幹です。その成長戦略をCEOと一緒に立てていく，あるいはCEOが立案するのをサポートするのがCFOの役割となります。CFO特有の中立的な立ち位置を活かして合理的に戦略を立てること，数字に強いという特性を活かして戦略を適切に数値化・可視化することなどが期待されます。

② PL/CF改善

　PL（Profit Loss Statement，損益計算書）／CF（Cash Flow Statement，キャッシュフロー計算書）の改善は，CFOの主要業務の一つになります。CEOからの依頼で改善策を講じる場合もあれば，CFOが自ら気づいて進める場合も，外部のたとえば銀行や投資家からの依頼で進める場合もあります。いずれにせよCFOがリードしてCEOや外部関係者の数値的要望を確認しながら改善策を講じ，従業員を巻き込んで現実化していく役割が期待されます。

③ 組織マネジメント

　組織マネジメント業務の中心は本業，すなわち商品やサービスを作ったり売ったりする業務になるので，基本的にはCOOがメイン担当者になります。しかしCOOが組織マネジメントを体系的にまでは理解していなかったり，目の前の問題に追われていて全体の枠組作りにまでとても手が回らなかったりする場合，CFOにそのサポートが求められることは十分考えられます。特に人的マネジメントの分野においては，CFOがフレーム立案などのアドバイザリー業務を積極的に行っていくのもよいでしょう。CFOは立場も中立的ですし，組織の潤滑油的に動いてくれることも期待

されます。

④ 資金調達

　資金調達もCFOの主要業務です。Debt調達であれば金融機関との交渉の前面に立つことも多いでしょうし，Equity調達であれば投資家との交渉の前面に立つCEOをサポートしながら実務面をトータルでフォローすることが期待されます。

⑤ 採用

　中小ベンチャーにおける人材採用は，基本的にはCEOの魅力に依るところが大きいものです。CFOが採用のメイン担当になるケースはあまりないと思いますが，「太陽に対する月」のように，たとえば面接時などにギラギラと熱くまぶしい存在であるCEOの脇に穏やかで冷静なCFOがいると応募者が安心する，といった役割を期待されることもあるかもしれません。採用のプロセス全体を整備したり，進捗管理などで手の届いていない部分をフォローしたりしていくと，なお重宝されるのではないでしょうか。

⑥ 新規事業

　新規事業を担うのは基本的にはCEOです。COOや一般スタッフが既存事業を推進していく傍らで，ネタ探しも含めて新規事業を開拓していくのはCEOの役割です。ですが稀にCEOにあれもこれもとやりたいことが多すぎるような場合，緊急避難的にCFOがそのうちの幾つかを担当することが考えられます。新規事業のフレーム作りのような業務もできるに越したことはありません。

⑦ Exit

　IPOやM&AといったいわゆるExitは，中小ベンチャーでは十分起きうる局面です。Exitは様々な数字や文書を扱う非常に専門性の高い業務なので，CFOが担当するのが一般的です。ただしその手を超えて高度な知識

が求められることも多いので，IPO請負を生業としているような外部の専門家とタッグを組み，彼らと会社の間でコーディネーター的に動いていくようなケースも考えられるでしょう。

⑧　事業再生・承継

事業再生は，企業経営における究極的な局面です。あまりめぐりあうことはないかもしれませんが，とはいえ中小ベンチャーは本質的に大きなダウンサイドのリスクを抱えながらビジネスを展開しているとも言えるわけで，事業再生はある意味隣り合わせです。万一の場合に備え，一通りの知識を持っているに越したことはないでしょう。

■ 中小ベンチャーのCFOとして

社内にCFOとして常駐している場合も，社外にプロCFOとして非常駐でいる場合も，より多くの業務について正確な知識を持ち，自分なりの推進や解決のノウハウを持つことが，皆さんのチャンスを広げる武器となるはずです。そして依頼された業務以外でも，改善や新規検討の余地があると思う分野があれば積極的に進言していくことが，CFOとしての皆さんのスキルを上げ，引いては担当企業の成長につながっていくことと思います。

第1章まとめ

　中小ベンチャー（特にアーリーステージ）は，「商品はできた。これから事業化を前にやることがいっぱい。とにかく今は事業（作る，売る）が最優先。管理（回す）なんかは後回し」というところがほとんど。カオスのなかで孤軍奮闘している経営者も多い。

．．

　カオスのなかで経営者がまずやるべきことは，経営者の仕事の全体像の把握と，そのなかで最低限自分がやらなければならない仕事の把握。

．．

　中小ベンチャーの経営者には，絶対に他人に任せられない4つの固有の仕事がある。①経営理念の作成・浸透，②実務のPDCAを回す，③リソースの調達・配分，④エグゼクティブへの渉外活動。

．．

　中小ベンチャーの経営者は，企業の成長フェーズに応じて様々な悩みにぶち当たる。起業フェーズ「死の谷」→事業化フェーズ「ダーウィンの海」→規模化フェーズ「30人の壁」→組織化フェーズ「官僚化」→多角化フェーズ「新たな方向性の模索」。経営者は次々と現れる悩みに優先順位をつけて対応していく必要がある。

．．

　企業がある程度成長し，経営者1人体制での経営が困難になってきたタイミングで検討すべきは経営の役割分担。CEO（理念を唱えるドン・キホーテ），COO（オペレーションを率いる番頭），CFO（経営管理する参謀）の3人体制，かつその三者が完全に三権分立し相互牽制しあっている状態が有効。

．．

　高度な専門性が必要なCFOは，中小ベンチャーにとって報酬水準が高すぎることが多い。シードステージやアーリーステージにおいてはそうした高度な案件の発生頻度もそれほど高くないので，フルタイムのCFOは基本的に必要なく，外部のパートタイムCFOを雇うのが良策。

中小ベンチャー企業には，社外プロCFO（パートナーCFO®）の存在意義とビジネスチャンスがある。ちなみに「パートナーCFO®」は，「外部経営参謀としてストラテジー（経営企画）に起点を置きつつ，バックオフィスの全部門を所掌。成長戦略をナビゲートしつつ，経営効率（生産性）を上げ，企業価値を向上させる職能を持つ『攻めのCFO』とでもいうべき存在」を指した筆者の造語。

　中小ベンチャーCFOの業務には以下のようなものがある。①全体管理，②PL/CF改善，③組織マネジメント，④資金調達，⑤採用，⑥新規事業，⑦Exit，⑧事業再生・承継。

　CFOが幅広い業務のそれぞれについて正確な知識と自分なりの改善・解決のノウハウを持つことが，自身のスキルアップやチャンスの拡大，引いては担当企業の成長につながる。

　経営者とのミーティングの進め方

　もしあなたがある中小ベンチャーを担当する社外CFOで，その経営者がとある案件について折り入って相談がしたいと言ってきたら，ミーティングはどのように進めるのがよいでしょうか。

　そうした場合は，その経営者が求めているのがコンサルティングなのか，コーチングなのか，壁打ち（ディスカッション）なのかをミーティングのなかで早めに見極めることが有効でしょう。

　コンサルティング，コーチング，ディスカッションの違いを
図9 にまとめました。

図9　コンサルティング，コーチング，ディスカッションの違い

	コンサルティング	コーチング	ディスカッションパートナー	（参考）雑談
目的	クライアントの目標達成・問題解決をする	クライアントが自力で，目標達成・問題解決できるようになることをサポートする	クライアントの課題や解決策を膨らませたり，深掘りさせたり，収束させたりする	無
答えの在り処	コンサルタント	クライアント	ー	ー
関係性	与える	引き出す	壁打ち	対等
焦点	事柄 課題→解決策 理性	人 ありたい姿・価値観 感情	事柄 発散⇔収束 刺激	無

コンサルティングというのは，クライアントが抱える問題に対し，コンサルタント側が解決策を提示していく手法です。つまり答えを持っているのはクライアントではなく，コンサルタントの方になります。コンサルタントは個々の問題（事柄）に焦点を当て，合理的・論理的に具体的な解決策を模索していきます。コンサルタントがよく使う質問形式には「どうすべき（Should）だと思う？」や「どうすれば（How）いいと思う？」というものがあります。

　これに対してコーチングは，クライアントが抱える問題を，クライアント自身が自力で目標達成・問題解決できるようにサポートしていく手法です。ここで答えを持っているのはコーチではなく，クライアント自身。つまり，セッションを通じてクライアントのなかから答えを「引き出す」形式となります。個々の問題（事柄）よりもその人自身に焦点を当て，五感や感情を揺さぶるなどの情緒的アプローチも交えながら，クライアントのありたい姿や価値観をあぶり出していきます。コーチがよく使う質問形式には「どうありたい（Want）？」や「なぜ（Why）そうなりたい？」というものがあります。

　一方，ディスカッションにおいては，答えはクライアント側にあるのでもディスカッションパートナー側にあるのでもなく，強いて言えばどこにもありません。クライアントとディスカッションパートナーは個々の問題についてひたすら壁打ち（ラリー）しながら，相手になにかしらの刺激やインスピレーションを与えていきます。「他には？」と視点を他に振ったり，「するとどうなるのか？」と議論を前に進めたり，あるいは「こういうことですか？」と議論を収束させたりする形式が，よく使う問いかけになるでしょう。こうして見ると，ディスカッションパートナーはファシリテーター（第5章の終わりで詳述します）に近い存在と言えます。

ちなみにディスカッションと雑談は答えがないという意味でよく似ていますが，ディスカッションには目的があり，雑談には目的がないという根本的な違いがあります。「生産性がない会議」と言われる会議がありますが，そんな会議は内容が雑談になっている可能性がありそうです。

　さて，件の経営者とのミーティングですが，経営者があなたに求めている手法がコンサルティングなのかコーチングなのかディスカッションなのかがいまいち明確でなかったり，あるいは案件によってニーズが変化したりする場合， 図10 のように経営者のタイプやスキルに応じて各手法を組み合わせていくことも有効かもしれません。

図10 　相手方のスキル・タイプ別　コンサルティング・コーチング比重

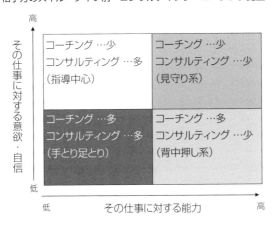

　ミーティングは，きちんとタイムマネジメントしながら進めるようにしてください。たとえば私は，経営者との定例ディスカッションを次のようなアジェンダと時間配分で進めています。

①前回の宿題確認＆クライアント側の質問に答える　　　　　　　　15分
②これまでの数値確認（PL, CF, KPI）　　　　　　　　　　　　　15分
③本日のメインテーマの議論(コンサルティング, コーチング, ディスカッション) 80分
④次回への宿題　　　　　　　　　　　　　　　　　　　　　　　10分

計2h / 1回

　時間切れで結論に至れないといったことが極力ないように，「生産性のある」ミーティングを行うようにしましょう。

第 2 章

全体管理

　第2章では，中小ベンチャーの全体管理を解説します。CFOとして積極的にバリューを発揮すべきなのは，「理念策定」「戦略立案」「組織運営」の場面です。

CASE 2　脱サラから大繁盛，でも何かが違う……

　脱サラした地元の友人から，折り入って……と相談があった。友人は大学卒業後ずっと大手広告代理店で営業の仕事をしていたが，40歳になったこの春，突然会社を辞めて奥さんと 2 人でパン屋をオープンした。仲間たちは「あいつがパン屋？」と一様に驚いたが，聞けば奥さんの実家がもともとパン屋で，夫婦の趣味もパンの食べ歩き。凝り性の友人はここ数年パン作りにもハマっていてそれに全然飽きることがなかったので，40歳の節目に思い切って決めたとのこと。

　友人のパン屋，ブーランジェリー C は，オープンして半年で都内有数の人気店になっていた。セレブが多く住まう S 区の，駅にほど近いとてもお洒落なパン屋さん。長年代理店にいた友人の立てた戦略，特にマーケティング戦略はバッチリであった。サイズは小さめだが，原材料を産地から吟味し，思い切り "映え" るように仕上げられた見目麗しいパンは，かなり価格も高めなのに毎日夕方には完売していた。一歩店内に足を踏み入れるとまるで外国に来たかのような高揚感が湧き，商品パッケージなどもしばらく保存しておきたいくらいのハイセンス。雑誌などに何度も取り上げられ，遠方の客が来店する土日の行列はすでに地元駅の名物となっていた。

　ところが，そんな大成功にもかかわらず，久しぶりに会った友人の顔色は冴えない。

　長年華やかな広告業界にいた友人は，奥さんの実家の実直で人情のある雰囲気が大好きで，年齢を重ねるにつれ，自分と職場の "合わなさ" を否定できなくなっての脱サラであった。代理店では確かにアドレナリンが出っ放しの刺激的な日々を送ってはいたが，熱を込めた一つ一つのプロジェクトは短いスパンで過ぎ去っていき，数を重ねるうちに感動もどんどん薄れていった。そうしたハイペースに次第に疲れ，どこか根を下ろせる

場所がほしい，長く続く人間関係を育てたい，自分自身もなにかの作り手になりたい，なにか社会に価値を残したい。そんな思いが募り，一念発起してパン屋をオープンさせた。しかし，半年経ってみると，友人は会社員時代よりもさらに数倍忙しく，日々なにかに追われて丁寧な暮らしや丁寧な人間関係など夢のまた夢という状態に再び陥っていた。

　悩んでいる友人を前に，私は「ブーランジェリー Cは，△△を役割とし，××を実現するために，存在する」というメモを書いてみせた……。

中小ベンチャーの全体管理
（理念策定，戦略立案，組織運営）

■ 全体管理の全体像

　本章以降では，前章の終わりに列挙したCFOの各業務について，社外から（社外プロCFOとして）担当する場合の視点も交えて詳しく説明していきます。

　まず企業の「全体管理」業務ですが，これは ■図11■ に示すように，企業のミッションやビジョンを確立し（経営理念策定），それに則って経営戦略（中小ベンチャーの場合は事業成長戦略）を策定し，組織を整える。そして戦略を数値に落として事業計画を立て，会議体を設計するなどしながら計画を推進。それをPDCAしながら適宜修正していく。そんな企業経営の全体を管理していく業務です。

■図11 中小ベンチャーの全体管理

経営理念策定	戦略策定 事業成長	組織設計
成長戦略修正	**全体管理**	事業計画作成
PDCA	事業進捗管理	会議体設計

前章で触れた通り，通常「全体管理」業務はCEO及びCOOが中心になって進めていく業務ですが，なかにはCFOが目配りした方がよいと思われるものが複数あります。

　どんな中小ベンチャーにも起業した際の動機，すなわちミッションやビジョンといった経営理念は存在しますし，短期的な戦略ならちゃんとあって，従業員がある程度いれば組織も自然に発足しています。

　しかし，例えばそうした経営理念があるにはあるけれど形骸化していて社員どころかCEO本人さえも忘れているような場合。起業時に勢いで作った戦略がそのままアップデートされずに放置されているような場合。つぎはぎしながら組織改編を行ってきたために企業全体の運営にひずみが出はじめているような場合。

　こういった場合に，CFOへの全体管理の潜在的ニーズがあると言えます。

　こうしたはっきりと顕在化していないニーズを経営者（CEO）に気づかせることも含めて，CFOの仕事とも言えるのです。

2-2

経営理念
（ミッション，ビジョン，ウェイ）

■ ミッション・ビジョン導出のアプローチ

　どんな企業にもミッションやビジョンはあるものです。それはCEO（創業者）が起業した際の動機のようなものがあるからです。ミッションやビジョンは，会社のホームページに記載されていたり，社長室の額縁のなかに飾られていたりします。ところがいざ経営者に尋ねてみるとうまく説明できなかったり，企業の現在の実態と乖離していたり，あるいは社員に全然浸透していなかったりということがままあります。

　企業のミッションやビジョンを整えることは，企業経営を考える上での頭や気持ちの整理につながり，その後の戦略・事業計画の策定の軸につながります。どちらかというとCFOは戦略や計画の策定の方を求められることが多いものですが，その際，さかのぼって理念の方が不明瞭だと気づいたならば，あらためてCFOの側からそれを整えるニーズに気づかせていくアプローチをお勧めします。

■ 経営理念を一気に作る経営合宿

　ミッションやビジョンを含む経営理念をまとめるには，まとまった時間が必要です。そして経営理念は社長（CEO）ひとりの頭の中で作ってしまうと，結局形骸化していく恐れがあります。経営理念にはスタッフのウェイ（行動指針）なども含まれてきますので，組織に浸透しやすい，伝わりやすい言葉で作成しなければなりません。

そこで，企業内であらためて経営理念を策定するにあたり，経営合宿が有効です。合宿という経営陣がその期間それだけを集中して考えられる環境で，　図12　のような項目について一定の結論が出るまで話し合うと良いでしょう。また，経営合宿は経営チームのチームビルディングにもなり，その後の浸透や実践へのモチベーションアップが期待できます。

図12　理念策定のための経営合宿のアジェンダ例

```
               目的：新たなビジョン・ミッション作成

          議論項目：
          1．オリエンテーション，歴史の振り返り
          2．経営理念（ミッション，ビジョン，ウェイ）
          3．自社の強みと弱み
          4．全社戦略と組織，事業計画
          5．振り返り
```

■ 経営理念の定義

　前章の経営者固有の仕事のところでも触れましたが，あらためて経営理念という言葉の定義について考えてみたいと思います。

　「経営理念」という言葉には，正解と言われるなにか決まった定義が存在するわけではありません。ミッションやビジョンについてはある程度イメージが固まっているものの，より大きな経営理念の定義となると，人によって幅が出てきます。私自身は，定義の中身より，自分なりの定義を持っていることが大切だと考えています。CFOが自分なりの定義を明確に持ってさえいれば，理念を策定し実行していく際，CEOや経営陣や従業員の考えをブレや遺漏なく整理していくことができることでしょう。

　企業には「ビジョン」（VISION），目指すところが必要です。そしてな

ぜそこ（ビジョン）を目指すのかという動機が「ミッション」（MISSION）。つまりミッションはWHY，ビジョンはWHATやWHERE，あるいはTO BE，あるべき姿のイメージです。そして現状からビジョンへ向かう行程の道標となるのが「戦略」，戦略を現実化していく具体的手段が「組織」です。ここで組織はヒトの集まりなので，どうしても人間の「行動指針」や価値観（有形・無形のWAY）の影響を受けることになります。一方，組織が動くと実際の「キャッシュフロー」（資金の流れ）が発生します。キャッシュフローは通常１年単位の「会計」でまとめられますが，この財務会計をコントロールしていくのが「事業計画」です。事業計画は社内で共有されるとともに，社外の投資家や金融機関，あるいはM&A時には諸関係者への説明材料となったりもします。つまり 図13 に示す通り，「企業経営では，ミッションを踏まえたビジョンを実現すべく，戦略が作られ，行動指針（ウェイ）に沿いつつ組織が設計される。その結果としてのキャッシュフローと会計を踏まえて事業計画が作られ，社内外に伝達される」という位置関係になります。このうち，「ミッション」「ビジョン」「ウェイ（行動指針）」が，私が考える「経営理念」の構成要素であり，定義です。

図13 ミッション・ビジョンと戦略・組織の位置関係

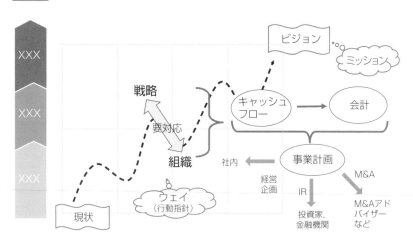

■ ミッション・ビジョン構文

　経営者や経営陣とミッションやビジョンを再整理していく際に，私がよく使うのが「ミッション・ビジョン構文」というものです。

図14 ミッション・ビジョン構文

```
　　　　　○○社は，
　　　　　△△を役割とし，　　　　← ミッション
　　　　　××を実現するために，　← ビジョン
　　　　存在する。
```

　構文の△△の「役割」が企業の使命（ミッション），そして「実現」すべき××がビジョンにあたります。シンプルな分，なかなかまとめるのが難しく，その分いったんまとめられたら簡単に全社的に共有していくことができます。

　たとえば，保育業界大手の認定NPO法人フローレンスのミッションとビジョンを，構文に当てはめてみます。

　フローレンスは，
「親子の笑顔をさまたげる社会問題を解決する」ことを役割とし，

（←ミッション）

「みんなで子どもたちを抱きしめ，子育てとともに何でも挑戦でき，いろんな家族の笑顔があふれる社会」を実現するために，（←ビジョン）
　存在する。

　フローレンスは，ウェイ（行動指針）にあたる「フローレンスウェイ」という８ヶ条もしっかりと掲げています。①チームフローレンスでいこう！，②飛び込め！われらの現場に，③ゴーゴー！"前のめり"，④戦略脳，フル回転！，⑤アイデア相撲を取れ！，⑥ハートと生産性の両輪で走

れ！，⑦リスペクトのレンズを着け，世界を見る，⑧変革者たれ。

「働きがいのある会社」ランキング6年連続受賞，「女性が働きやすい職場ランキング」2位，社会貢献財団第49回社会貢献者受賞，第13回「ロレアル–ユネスコ女性科学者 日本奨励賞」日本特別賞といった近年の数々の外部からの表彰も，こうした経営理念の明確さや正当さのところになにか秘訣があるのかもしれません。

どんな企業にも必ず「いいもの」はあります。経営合宿なり経営会議なりで経営者や経営陣，あるいは社外CFOなどが集まったら，まずは皆で自社の「いいもの」を探してみましょう。ああだこうだと話すうちに，その企業にぴったりの，その企業にしか達成しえないミッションやビジョンが発見できたりするものです。

■ 誰が経営理念を立てるのか？

では，経営理念とはいったい誰が作るものでしょうか。誰が作ったらよいかを 図15 に「理念・戦略の風車モデル（一部）」としてまとめました。

図15 理念・戦略の風車モデル（一部）

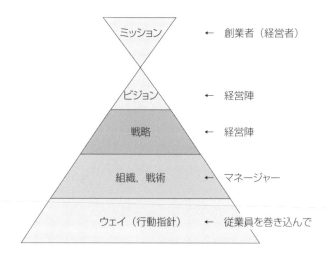

図でピラミッドから外したところに置いた「ミッション」は，どこか理屈を超えた，天から与えられた「使命」のようなものをイメージしてください。繰り返しになりますが，ミッションは誰かと話し合って決めるようなものではなく，創業者（経営者）が自発的に持っているであろう起業の動機そのものなので，創業者（経営者）にしか作れません。万一創業者（経営者）がうまく言葉にできないということがあっても，やはり創業者が決めきらなければなければならないものです。

　ピラミッドの頂点に置いた「ビジョン」は，企業の目指すところです。先ほどの「ミッション・ビジョン構文」のところでは特に触れませんでしたが，ビジョンにはできるだけ「なにをいつまでに実現するのか」という視点も盛り込んだ方がよいでしょう。ビジョンに遠大的な目標のみならず具体的な時間軸も入れておくと，その後の戦略が立てやすくなります。そうした時間軸も加味していくなら，やはりビジョンは経営者だけでなく経営陣を交えて立てるべきものだと思います。

　ビジョンが明確になれば，戦略が立てられるようになります。「戦略」はビジョンを実現していく上での大きな方向性ですから，これは経営陣全体で考えるべきです。

　一方，戦略をもっと具体に落とした「戦術」は，各状況下における現場レベルでの戦い方の方針になるので，現場のマネージャーレベルが積極的にコミットしていくべきでしょう。

　ピラミッドの一番下の「ウェイ（行動指針）」には，企業としてこういう人にいてほしい，こういうふうな動き方をしてほしいという意味合いが含まれます。しかしウェイを一方的に経営陣が決めてスタッフに落としても，スタッフ自身がその言葉を咀嚼し納得しなければ，彼らの行動指針にはなりません。その意味でウェイは現場のスタッフ（従業員）を巻き込んで作らなければならないでしょう。

経営戦略の立て方

■ 中小ベンチャーにおける経営戦略の立て方

　経営戦略とは，企業が常に持ち続けなければならない経営の根幹をなすものです。これをもとに数値計画を立てたり組織を設計したりするので，経営戦略には一貫性や論理性，整合性が必要です。

　ところが，実際の中小ベンチャーに，ロジカルな戦略をあまり見かけません。社外CFOとして参画してみると，少々「思い」に寄った戦略になっていることが多く，論理性，具体性に欠けるため，それに引きずられて事業計画も絵に描いた餅的になっているケースをよく見かけます。

　この項では，論理性や具体性を持った経営戦略を立てるための思考様式を，具体例をもとに説明していきます。この章冒頭のパン屋の例をもとに，経営戦略の立て方を考えていきましょう。

　今度はあなたが脱サラして，奥さんと2人でパン屋をはじめようと考えています。どうすれば成功できると思いますか。経営戦略を考えてみてください。

　あなたと奥さんは，商品のコンセプト（特色）を考えたり，出店場所を試行錯誤したり，家賃や原料費などを踏まえた利益率をもとに価格計算をしてみたりすることでしょう。その際，チェックポイントをまとめた，な

にかしらのガイドラインがあると助かるのにと思いはじめます。遺漏や矛盾のない論理的な経営戦略を立案するには，以下のような流れで整理していくのが有効でしょう。

　戦略を立てる際，まず前提として考えるべきことが2つあります（ 図16 ）。1つ目は，その企業なり事業なりのミッションやビジョン。そもそも会社として何をやりたいのかということです。たとえば，もしあなたのパン屋が近隣の顧客に対していつもより少し上の幸せを感じる瞬間を提供したいのであれば，安価なパンを量産するより，良い食材を使った特別なパンを提供すべきです。ミッションやビジョンの決定は，そうした経営者（創業者）の「思い」がベースとなります。

　ところが「思い」だけでは会社なり事業なりは成功しません。やはり冷静に事業環境を分析することが大切です。これが考えるべき2点目になります。近隣にパン屋が幾つあって，今後大型スーパーにチェーン店が出店してくる予定がある，などという外部環境（事業機会）をしっかりと踏まえておくこと，そして他社と比較した場合の自社の強みと弱み（内部環境，リソース）を冷静に把握しておくことが必要です。

　その2点が明確になったら，次は具体的な戦略の策定に入ります。ここ

図16　理念・戦略の風車モデル

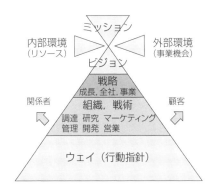

で考慮すべきポイントは以下の3点です（ 図17 ）。

1つ目は「事業・市場領域の選択」。その事業をどこで，誰に展開すればベストなのかを考えましょう。自分が有利に戦える場所を選択すること（Where, To whom）が重要です。高級パン路線，庶民派路線，それぞれに適した出店場所があるでしょうし，構える店舗のイメージもそれにより変わってくるはずです。

2つ目は「対顧客価値」。おそらく競合店もたくさんあるなかで，あなたのお店のパンが顧客に対してどのような価値があるのか。あなたのお店が選ばれるための対顧客価値（What）をまず考えてみてください。どんな顧客に（庶民層なのか富裕層なのか），どんな他店とは違うパンを提供するのか。焼き立てにこだわるとか種類で勝負とか，他店よりリーズナブルにするとか逆に高級路線でいくとか，いろいろな選択肢があります。

3つ目は「価値の源泉」。戦略が成功するためには，事業が成り立っていなければなりません。すなわち対顧客価値を継続的に生み出せるための仕組み作りが必要です。焼きたてパンを毎日リーズナブルな価格で届けたい気持ちはわかりますが，工夫しなければコストがかかりすぎてしまいます。なんとか方法（How）を見つけて，価値が連鎖していく仕組みを確立しなければなりません。原料の格安な入手ルートを確保するとか，家族

図17　経営戦略立案時のポイント

「誰に？」　自分が有利に戦える場所を選択する（Where, To whom）
　　事業・市場領域の選択
「何を？」　他社と違う価値を顧客に提供する（What）
　　対顧客価値（差別化もしくは低価格）
「どのようにして？」　他社と違う価値を継続的に生み出せる仕組みをつくる（How）
　　価値の源泉（バリューチェーン←経営資源）

経営にするとか，経営資源面でもいろいろと方策を練らなければならないでしょう。

　様々なオプションが浮かぶでしょうが，その都度前項の2つの前提に立ち返りながら，自分のパン屋はどれを選択すべきかを決めていきましょう。

■ 世界的に有名な経営戦略のセオリー

　これで一応の経営戦略（事業戦略）は立てられるようになるはずですが，経験的に勝てる既存のパターン（雛形）はないのかと経営者から尋ねられることがあります。こうした競争優位を獲得するためのセオリーは，既にいくつも類型化されています。有名なものを紹介しておきましょう。

　企業が持続的に競争優位を獲得するための戦略として最も有名なものに，アメリカの経営学者であるマイケル・ポーターが示した 図18 の「ポーターの3つの基本戦略」があります。ポーターは勝てる戦略を，「コ

図18　ポーターの基本戦略

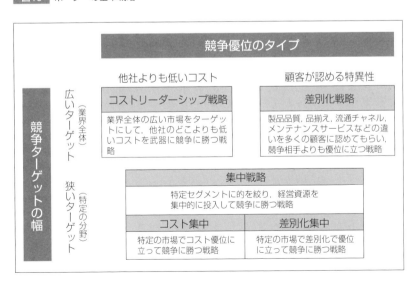

ストリーダーシップ戦略（安価に商品やサービスを提供することによる競争優位の獲得）」,「差別化戦略（競合企業と大きく異なる商品やサービスを提供することによる競争優位の獲得）」,「集中（セグメント化）戦略（特定の市場や顧客層にターゲットを絞って資本を集中投下させることによる競争優位の獲得）」の3つに類型化しています。

　同様に有名なのが，マーケティングの大家であるアメリカのフィリップ・コトラーが提唱した 図19 の「競争地位戦略」です。これは企業のその業界内におけるポジションに着目したセオリーで，各企業を業界ポジションに応じて「リーダー」「チャレンジャー」「ニッチャー」「フォロワー」の4つに分け，そのセグメント別にとるべき戦略が変わるとする考え方です。たとえば車両メーカーの場合，少々大雑把な分け方になりますが，TOYOTAは「リーダー」で「フルライン戦略」をとっている。日産はそれより「チャレンジャー」的で「差別化戦略」をとっている。「技術の日産」などとうたったりしています。そして軽乗用車にうまく集中しているスズキは「ニッチャー」で，「ニッチ戦略」をとっている。もう一つ，リーダーやチャレンジャーに保守的に「模倣追随戦略」をとるしかない「フォロワー」が存在します。

　自社の経営戦略を立てる際に，一度あてはめて考えてみることも有効で

図19 コトラーの競争地位戦略

相対的経営資源		量	
		大	小
質	高	リーダー	ニッチャー
	低	チャレンジャー	フォロワー

しょう。

■ 成長戦略・全社戦略の立て方

　経営戦略（事業戦略）を立て終えたあなたのパン屋は無事に船出をしました。しばらくするとあなたのパン屋は地元で大評判になり，一定の成功を収めます。さて，あなたは次に何をしますか？　あなたは考えます。もっと生産量を増やそうか。それとも2店舗目を出そうか。それとも隣接する敷地にカフェを併設しようか……。

　こうした事業拡大，あるいは多角化の方向性を考えることが，企業の典型的な成長戦略になります。企業をどの方向に成長させるべきかと悩んだ時， 図20 の「アンゾフのマトリクス」というフレームワークにあてはめてみることが有効でしょう。

図20　アンゾフのマトリクス

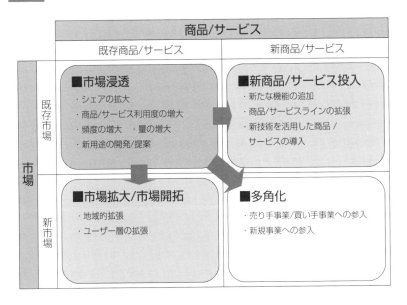

これは「製品」と「市場」を「既存」と「新規」にそれぞれ分けた2×2のマトリクスで成長戦略を整理するものです。これを使うと，既存製品に既存市場でさらに勝負する「市場浸透戦略」，既存商品を新規市場で拡大しようとする「市場拡大/市場開拓戦略」，新規製品を既存市場で仕掛ける「新商品/サービス投入戦略」，新規製品を新規市場でトライする「多角化戦略」の4方向の戦略オプションを取りこぼしなくシステマティックに探索することができるでしょう。

そしてこうした成長戦略により拡大し多角化していくであろう事業群をどうマネジメントしていくかを，事業ポートフォリオなどを組みながら具体的に考えていくのが全社戦略になります。

図21 はBCG（ボストン・コンサルティング・グループ）の考案した有名なプロダクト・ポートフォリオ・マネジメント（PPM）です。詳細な説明は割愛しますが，自社の事業を「市場成長率」と「相対的マーケットシェア」で分類してみることで，どの事業に集中すべきか，どの順で展開していくかを考える大きな助けとなります。

図21 BCGのプロダクト・ポートフォリオ・マネジメント

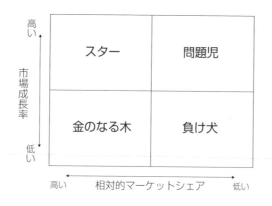

■ 事業戦略の立て方

　経営戦略のうち，全社戦略と成長戦略を除いた事業戦略について，その策定プロセスはおよそ（　**図22**　）のように整理できるでしょう。

　まず最初にやるべきことは，企業内外の環境分析です。環境分析には，PEST（フィリップ・コトラーが考案したPolitics「政治」，Economy「経済」，Society「社会」，Technology「技術」の４つの視点からのマクロ環境分析）や５F（マイケル・ポーターが提唱した５つの力「売り手の交渉

図22　事業戦略の策定プロセス

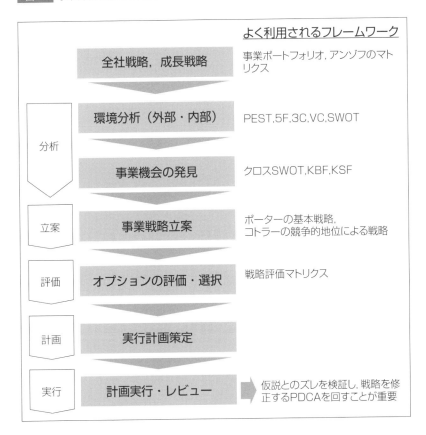

力」「買い手の交渉力」「競争企業間の敵対関係」「新規参入業者の脅威」「代替品の脅威」から示される業界自体の収益性分析)，あるいは3C（Customer「市場・顧客」，Competitor「競合」，Company「自社」の3視点からの事業環境分析）やVC（マイケル・ポーターが提唱したバリューチェーン「価値連鎖」分析)，そしてSWOT（Strengths「強み」，Weaknesses「弱み」，Opportunities「機会」，Threats「脅威」から事業戦略立案分析）など，様々な手法が存在しています。

　こうした分析を組み合わせて現状を把握した上で，市場のどこにチャンスがあるのか，すなわち事業機会の発見を目指します。先述のSWOT分析の各要素を掛け合わせたクロスSWOT分析（「強み×機会」「弱み×機会」「強み×脅威」「弱み×脅威」の4パターンによる分析）やKBF分析（なにがKey Buying Factors「重要購買決定要因」になるのかの分析)，KSF分析（なにがKey Success Factors「成功のカギ」になるのかの分析）などを引き続き行っていきます。

　狙いが定まったら，今度は具体的な事業戦略の立案に入っていきます。先述したマイケル・ポーターの基本戦略や，コトラーの競争地位戦略などが参考になるでしょう。

　できるだけ多くのオプションを設けるようにして，各戦略オプションを実行した場合の評価マトリックスを作成するとよいでしょう。そして評価の優先順位に従ってオプションを決定しながら実行計画を策定します（計画の立て方については次の2-4で詳しく説明します)。もちろん計画を策定して実行するだけで終わりではなく，レビューをし，修正を施しながらPDCAを回していきます。

■ 事業戦略が実現できている状態

　ところで，事業戦略が実現できているとはどういう状態のことを言うの

でしょうか。

　漠然としたイメージとしては，リソース（ヒト，カネ）を投入すればするほど儲けが上がる状態と言えるでしょう。つまり「収益モデルが確立できている状態」です。事業戦略とは，つまるところこの状態を目指すものです。

　この「事業戦略が実現できている状態」を維持し続けるには，以下の3つの要件が担保できている必要があります（ 図23 ）。

　まず一つには，UE（ユニットエコノミクス）が成立している状態であること。ここでUEとは，ビジネスの最小単位における収益性のことです。つまり「UEが成立している状態」とは，1単位あたり，たとえば車なら1台あたり，パン屋なら1店舗あたりの収益が黒字になっている状態を意味します。会計用語で売上高から材料費などの変動費を引いたものを限界利益といいますが，私の感覚的には限界利益の3分の1で直接人件費を賄えている状態がUEが成立している状態であるように思います。たとえば売上が400万円上がっている企業で，材料費など売上に応じて変動する費用が100万円かかっているなら，限界利益は300万円。この企業の直接人件費が100万円以内におさまっていれば，この企業のUEは成立しており，未来に向けて成長し続けられるというイメージです。これがたとえば限界利益の半分ぐらいの直接人件費がかかっていると，この上に他の固定費（賃

図23　事業戦略が実現できている状態を担保する3要件

```
１．ユニットエコノミクスUEが成立している
　　（限界利益の3分の1で直接人件費を賄える。ネットLTV＞CPAでも）
２．UEを達成する方程式がある
　　（基準売上を達成するandデリバリーを基準費用で抑える方法論がある）
３．リソースが調達できる
　　（資金調達，採用の体制ができている）
```

料や管理部門の経費等）もかかってきますので，企業全体の黒字は難しいような気がします。

　もう一つは，UE（ユニットエコノミクス）を達成する方程式が存在していること。UE（ユニットエコノミクス）とは計算式ですから，この計算式の黒字状態を維持するための基準売上高が達成でき，かつ商品やサービスのデリバリーコスト（変動費）を基準値内に収める方法論が確立されていなければなりません。

　以上2点をクリアしていれば，その企業は基本的にどんどん収益を上げていける状態にあるわけですが，加えてもう一つ必要なのが，リソースが調達できる状態にあることです。成長にあわせて適切なタイミングで資金が調達できるか，人を採用できるかが，もう一つ大切なポイントとなってきます。

　そしてこうした成長状態が持続する大前提として，「Product Market Fitが成立していること（その商品やサービスが市場に受け入れられている状態が続いていること）」，そして「市場が天井に達してないこと（UEは成立しているがまだ上限ではなく更なる市場のニーズが存在していること）」の2点も必要です。

　こうした事業戦略の策定過程を，CFOは，CEOや経営陣に寄り添いながら，論理的合理的な策定を促すべくリードないしフォローしていきます。そして「事業戦略が実現できている状態」を持続させるためにUE達成のための収益モデルを描き，CEOとともに適宜リソース調達を行います。一方，COO以下は，実際にUE達成のための方程式（売上達成，コスト削減）を達成していく推進者，という役割分担になってくるのではないでしょうか。

2-4

事業計画の立て方

■ 事業計画とは

　事業計画は，事業成長戦略を現実のものとしていくロードマップにあたるものです。ところが中小ベンチャーの場合，創業時に急いで作ったものをそのまま更新せずに放置していたり，数字面がアバウトだったりということが往々にしてあります。

　事業計画はやはりあるフレームに従って矛盾や遺漏のないように作成すべきものです。そのまま外部（金融機関や投資家，各取引先）との共通言語としても使えるレベルのものを作成し，定期的に更新していくことが必要です。

■ 定性的な事業計画書

　事業計画書の様式は業種によって大きく異なりますが，自分自身で使いやすい雛形を用意し，担当企業や使用用途に応じてアレンジしていくと良いでしょう（　図24　）。

　参考までに，筆者は以下の16要素を網羅したものを基本様式として使用しています。

① 　エグゼクティブサマリー
② 　会社概要

③ 主要経営陣の略歴

④ 事業ビジョン

⑤ 製品・サービスの特長

⑥ ビジネスモデル

⑦ 顧客・市場規模（誰に）

⑧ バリュープロポジション（何を）

⑨ 勝ち続けるための独自の優位性（どのようにして）

⑩ 戦略的提携

⑪ 全体スケジュール

⑫ 組織体制

⑬ マーケティング計画

⑭ 数値計画

⑮ 事業リスクの整理と対応

⑯ 事業ビジョン，達成のステップ

図24 定性的な事業計画書のイメージ

■ 定量的な事業計画書

事業運営のロードマップとなる事業計画には，前項の定性的な事業計画書以外に，定量的な計画を示した事業計画書も必要です（ 図25 ）。いわゆる「シミュレーション」などと呼ばれるものです。こちらは企業や事業の属性ごとに項目・科目が全く違ってくるので，CFOが独自のフォームを持っていてもカスタマイズする必要があります。企業側がもともと作っているケースが多いので，企業のものをベースに加工した方がスムーズでしょう。

図25 定量的な事業計画書のイメージ

5カ年計画（サマリー）

	2017/3 （実績）	2018/3 （実績）	2019/3 YEAR1	2020/3 YEAR2	2021/3 YEAR3
得意先数	XX	XX	XX	XX	XX
売上	XX	XX	XX	XX	XX
	XX%	XX%	XX%	XX%	XX%
費用	XX	XX	XX	XX	XX
売上原価	XX	XX	XX	XX	XX
人件費	XX	XX	XX	XX	XX
広告宣伝費	XX	XX	XX	XX	XX
管理費	XX	XX	XX	XX	XX
粗利	XX	XX	XX	XX	XX
営業利益	XX	XX	XX	XX	XX
原価率	XX%	XX%	XX%	XX%	XX%
人数	XX	XX	XX	XX	XX
売上/人	XX	XX	XX	XX	XX
粗利/人	XX	XX	XX	XX	XX
営業利益/人	XX	XX	XX	XX	XX
利益率	XX%	XX%	XX%	XX%	XX%

組織体会議体の設計と運営

■ 組織設計とは

　組織は事業計画とともに，事業戦略を現実化する両輪です。では，いったいどんなふうに組織設計を進めていけばよいのか。そこに正解はありません。営業と開発は別の部の方がいいのか。一つの事業部として一括りにした方がいいのか。いずれも一長一短あります。

　ところが，正解はないはずなのに，紙に書いた組織図は現実化すると，想像を超えて従業員に影響を及ぼします。たとえば，営業と販促で，業務はそのまま変わらないのに，部署を分けただけで，それぞれの方向性が違ってくる，業務で対立するということはよくある話です。その意味で，定期・不定期にゆらぎ（人事異動や組織改正）を作って，組織が凝り固まったり唯我独尊に陥ったりするのを未然に防ぐのが良いでしょう。

■ 組織体の作り方

　組織体の作り方に正解はないと書きましたが，考慮すべきと思われる5つの要素を挙げておきます（ 図26 ）。

　1つ目は，組織のステージです。起業したばかりのステージの企業は社員もまだ少なく，組織設計というより，全社員一丸となって業務を推進するような混沌とした未分化の状態にあることがほとんどでしょう。このステージではあえて組織を作る必要さえないかもしれません。それを超えて

従業員が10人，20人になってくると，グループ化して役割分担しないと事業が回りにくくなってきます。このステージではある程度の規律ある組織が必要になるでしょう。従業員が50人，100人を超えてくると，資質やスキルにムラができないようマニュアルや規定集などを整えることも必要になってきます。組織の精度も厳格化し，時に官僚化が起こってきます。官僚化が進みすぎると，人が組織にがんじがらめになり不測の事態に融通がきかなかったり新規事業や多角化に対応できなかったりするなどの問題が出てきます。こうした脱成熟のステージでは，逆に組織の精度を敢えて少し緩めるようなオペレーションが必要かもしれません。このように，現在のステージを考慮に入れながら精度に緩急をつけていくような組織作りが求められます。

　2つ目に，その企業の業務プロセスが複雑で多岐にわたっているか，あるいはそうでないかによって，機能別組織を採用するかどうかを検討します。これは営業，開発，管理，宣伝といったいわゆる機能別に従業員を区分けしていくやり方ですが，各組織の専門性が高くなり，業務プロセスはシンプルになります。ただしあまりに細分化された機能別組織は業務の単

図26 組織設計での5つの考慮要素

1．組織のステージ
2．業務プロセスが多岐にわたる・複雑であるか，そうでないか
3．従業員の数
4．単一事業か複数事業か
5．オペレーショナル（定型的）かそうでないか

純化を招き，従業員のモチベーション低下にもつながりかねないので，事業がそれほど複雑でないならばそこまで細かく分けてしまわない方がいいでしょう。

　3つ目は，従業員数から考える分け方です。管理職1人が何人まで部下を管理できるか（スパンオブコントロール）という視点で組織を作る方法です。社長がワントップ体制で頑張ってきた企業も，従業員が30人とか50人クラスになれば，さすがに中間管理職が必要です。したがって階層を作っていくわけですが，何人以上で何階層といった定義は特にありません。業務プロセスを考慮しながら，必要と思われるだけの階層を積み上げていきます。

　4つ目に，単一事業か複数事業か。同じ「開発」機能を持つ組織でも，事業が異なれば業務はまったく異なります。複数事業を抱える企業では「事業部別組織」を検討する場合があります。

　最後にもう一つ付け加えたのが，業務がオペレーショナル（定型的）かどうかです。定型的でない場合は，プロジェクト型組織も検討に入れましょう。一般的な企業は業務がある程度定型化されていないと成長戦略が描けませんが，そうではないビジネス，たとえば筆者が行っている経営コンサルティング業務はあまり定型化されていないものです。この場合，機能別や事業別よりも，プロジェクト型を採ってそのプロジェクトごとに組織を作るやり方も考えられます。

■ 各組織体系のメリット・デメリット

　各組織体系には，それぞれのメリット・デメリットがあります。

①機能別組織

　機能別組織とは， 図27 のように業務を研究開発，調達，製造，営業，

財務，経理といった機能別に分けた組織体系です。

　メリットとして，従業員が高い専門性を獲得しやすくなります。デメリットとしては，利益責任が不明確になること。利益が思うように上がらなくても，営業部の売上が伸びないせいなのか，製造部門のコストカットが不十分なのか，そうした責任の所在が見えづらい仕組みになっています。またこうした機能別組織では，部門間にコンフリクトが起きやすかったり，部門を超えての調整や全社的な意思決定に時間がかかったりする場合があります。稀に顧客ケアが薄くなる場合もあります。

　中小ベンチャーは単一ビジネスに特化していることが多いため，機能別組織制を採っている企業が多いのですが，その場合，全体を見る人間が経営者しかいなくなるため，トップマネジメントに意思決定権限が集中しがちです。従業員は機能別の専門性は高められますが，全体が見えづらく，全社的な管理能力を持った人材が育ちにくいという側面があります。そのため事業承継の際に適格な後継者が育っていなくて苦労する中小企業は多いです。

図27 機能別組織

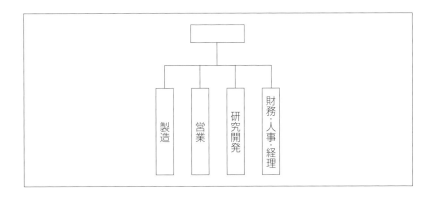

②事業部別組織

　事業部別組織は，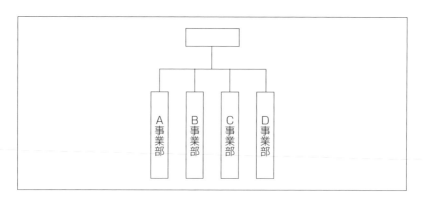 図28 のように業務を製品，市場，顧客，地域など組織のアウトプットあるいはターゲット別で分けた組織体系です。たとえばパナソニックは家電に住宅設備に電気まであって，しかも個人用の他に産業用まであるというふうに，事業が驚くほど多岐にわたっているために，事業部別組織を採用し，事業部それぞれのなかに開発や営業の機能を持っています。

　メリットとしては，各事業部のトップに事業部長が立ち，権限移譲もなされている傾向が強いので，意思決定のスピードが速いということがあります。事業部長が担当事業の開発・製造から営業までのすべてを一貫して管理しているので，利益責任も明確です。事業の全体を見渡せる能力を持つ人材も育成できます。事業部長は一つの中小企業の社長のようなものです。

　デメリットとしては，事業部制が高じると，事業部ごとに完結してしまって全社的な協力が難しくなりがちなことが挙げられます。経営資源を各事業部に配分する際に資源の取り合いになってしまうことなども考えら

図28　事業部別組織

れます。

③マトリクス型組織

　マトリクス型組織は，　図29　のような事業別と機能別のいいとこ取り
をしようとする組織体系で，外資系企業で見かけることが多いです。事業
を地域別（外資系の場合はカントリー別）に分けて，それを機能別に運営
していくやり方です。

　メリットとしては，うまくいけば事業別と機能別の両方の長所が出るの
ですが，デメリットとしては，2人以上の上司がいるために，意思決定の
権限や責任の範囲が不明確になりがちな点が挙げられます。日本の外資系
企業で典型的なのが，国内にローカルマネージャーがいつつも海外本社に
レポーティングライン上の上司がいるために，業務に遅れや混乱をきたし
ているようなケースです。マトリクス型で運営している純粋な日本企業は

図29　マトリクス型組織

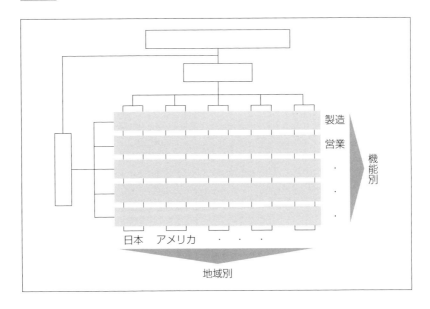

あまりないような気がします。

④プロジェクトチーム型組織

　プロジェクトチーム型組織は，コンサルティング会社によくあるような，プロジェクト単位でチーム編成していく組織体系です（ 図30 ）。一時期ゲーム開発会社などにもよく見られました。

　この体系には，変化に対応しやすい，プロジェクトマネージャーが全体を見渡せる人材になり得る（将来の経営者候補を育てることができる）などのメリットがあります。

図30　プロジェクトチーム型組織

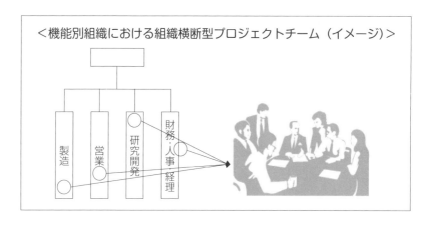

　こうした各体系のメリット・デメリットをCFOが説明しながら，自社にはどの形式が合っているかを経営陣や現場マネージャーと見極めていくのがよいでしょう。

■ 会議体の設計

　会議は実務（会社経営のPDCA）を回すための基本アイテムです。どん

な企業にも会議なるものは複数種類が存在しているものです。

　皆さんは，会議に対してどんな不満があるでしょうか。時間の無駄？　そもそも多すぎる？　目的や運営が曖昧な会議が続けば，不満はなお高まるでしょう。逆に会議がなさすぎる？　経営者が別に個別に話せばいいでしょ，というタイプの人間だと，これが意外にPDCAが回らなかったり，組織内のコミュニケーション不全が起きたりします。

　適切に使えば会議はものすごくパワフルなものです。目的と運営をはっきりさせ，積極的な参加を求め，きちんと議事録をとり，結論を共有化していく。そういう基本姿勢を徹底するだけで，非常に有益な場となり得ます。

図31　会議体設計の一例

会議体	位置づけ	会議名称	サイクル	メンバー
全体mtg	全社進捗と共有事項のシェア	朝会議	毎週月9:30-10:00	全社員
経営mtg	取締役レベルの全社経営事項の議論と意思決定	取締役会社内取締役会	毎月25日毎週月10:00-11:00	CEO，社内取締役＋社外取締役，監査役（月1）
グループmtg	グループのTo do進捗確認	営業mtg宣伝mtg開発mtg法務mtg	毎週月16:00-17:00毎週水11:00-13:00毎週木10:00-11:00毎週火10:00-12:00	営業部メンバー宣伝部メンバー企画開発部メンバー法務部メンバー
幹部mtg	幹部レベルでの中期全社経営戦略議論（教育主眼）	幹部mtg	隔週水9:00-11:00	CEO，各部長

　図31は，筆者が以前CFOを担当していた企業の会議体系に少し手を加えたものです。

　1つ目の「全体ミーティング」は，週1の朝礼，朝会のような従業員が全員参加の会議です。これは全社的に共有すべきトピックや，CEOからのダイレクトメッセージを受け取る場です。社員の現状把握やモチベー

ションアップにもつながりますので，必ず設計した方がよい会議です。

　2つ目の「経営ミーティング」は，取締役会など全社経営事項を意思決定する幹部会議です。参加メンバーは，CEOに加えて社内外の取締役プラス監査役。ただし，取締役会を月1回以上やる会社はあまりないが，全社経営事項を意思決定できる場をもう少し増やしたいと考え，社内取締役だけが集まる会議を別途週1で設計しました。実は社内的には経営陣の間のコミュニケーションが一番足りなかったりするので，公式に週1の会議を設けることで重要事項の議論が深まり，高速PDCAが回せるだけでなく，経営陣の一体感を醸成しやすくなるというメリットがあり，おススメです。

　3つ目の「グループミーティング」は，いわゆる部課単位のミーティングです。中身は主としてTo Doの進捗管理で，各自が前週の振り返りと今週の計画の報告をする場です。各自レジュメを出して口頭で説明してもらい，進捗を管理する方式をとっていました。

　ここまでは割とノーマルな会議体設計ですが，もう一つ，筆者がやってみて面白かった「幹部ミーティング」という会議体を紹介しておきます。これは幹部レベルによる中期全社経営戦略会議という位置づけの会議でしたが，どちらかというと教育が主目的でした。実質，中間管理職（マネージャー）が全社視点で戦略を考える場となり，部署間での情報共有や連携が進むなど，意義あるものとなりました。

第2章まとめ

　中小ベンチャーの「全体管理」業務のうち，CFOとして積極的にバリュー発揮すべき「理念策定」「戦略立案」「組織運営」について業務内容と具体的ノウハウを見ていく。

．．．

　経営者なり経営陣が「経営理念」を策定するのをリードorサポートする場合，CFOが自分なりの定義を持っていると有効。筆者の定義は以下。

　企業経営では，ミッションを踏まえたビジョンを実現すべく，戦略が作られ，行動指針（ウェイ）に沿いつつ，組織が設計される。その結果としてのキャッシュフローと会計を踏まえて事業計画が作られ，社内外に伝達される。こうしたミッションやビジョンに，ウェイまでも含めて総称したものを経営理念と言う。

．．．

　経営理念の策定には，それだけを集中して考えられるまとまった時間と環境が必要。筆者のお勧めは経営合宿スタイル。

．．．

　「ミッション・ビジョン構文」が理念策定の際に有効。
　「○○社は，△△を役割とし（ミッション），××を実現するために（ビジョン），存在する」

．．．

　経営理念のうち，ミッションは創業者（経営者）が，ビジョンは経営陣が，戦略も経営陣が，戦術はマネージャーが，ウェイ（行動指針）は従業員を巻き込んでそれぞれ作成するのが実効的。

．．．

　経営戦略を立てる際の前提で考えるべきは「ミッションやビジョン（そもそも何をやりたいか？）」と「事業環境（外部環境の機会と脅威，それに対する自社の強みと弱み）」の2つ。その上で，「事業・市場領域の選択（自分が有利に戦える場所を選択する）」「対顧客価値（他社と違う価値を顧客に提供する）」，「価値の源泉（他社と違う価

値を継続的に生み出せる仕組みを作る）」，という3つのポイントを押さえながら戦略を立案していく。

事業拡大や多角化を見据えた成長戦略の策定にはアンゾフのマトリクス，成長戦略をマネジメントするための全社戦略の策定にはBCGのプロダクト・ポートフォリオ・マネジメントなどが助けになる。

事業戦略の策定では，社内外の環境分析（PEST，5F，3C，VC，SWOTなど様々な分析手法がある）と事業機会の発見（クロスSWOT，KBF，KSFなど様々な手法がある）を徹底することが重要。分析が済んだら事業戦略を策定し（ポーターの基本戦略やコトラーの競争地位戦略が参考になる），戦略計画マトリクスを組んでできるだけ多くのオプションを選択した場合の評価をし，最終的な実効計画を策定する。計画を推進した後は必ずレビューをし，随時修正を施してPDCAを回していく。

事業戦略が実現できている状態とは，リソース（ヒト，カネ）を投入すればするほど儲けが上がる状態。つまり収益モデルが確立できている状態をいう。事業戦略とは，つまるところこの状態を目指すもの。

事業戦略が実現できている状態を持続させる3要件は，「UE（ユニットエコノミクス）が成立していること」「UEを達成する方程式があること」「リソースが調達できること」。ただしその前提として，Product Market Fitが成立していること，そして市場が天井に達していないことが必要。

事業計画は事業戦略を現実のものとしていくロードマップにあたる。矛盾や遺漏がないように作成し，定期的に更新していくことが必要。CFOは定性的な事業計画書や定量的な事業計画書（シュミレーション）作成の自分なりの方法論を持っておくとよい。

組織は事業計画とともに成長戦略を現実化する両輪。組織設計に正解はないが,「組織のステージ」「業務プロセスが複雑か単純か」「従業員数」「単一or複数事業」「事業がオペレーショナル(定型的)かどうか」の5つの要素は考慮するとよい。

　組織体系には,「機能別組織」「事業部別組織」「マトリクス型組織」「プロジェクトチーム型組織」など様々なものがあり,それぞれにメリットとデメリットがある。

　会議体は実務(経営のPDCA)を回すための基本アイテム。こちらも正解はないが,必要に応じて「全体MTG」「経営MTG」「グループMTG」などに加えて,その企業の業務効率化・活性化につながるMTG等を体系的に配置していくのがよい。

コンサルティングのスキル，マインドと
プロセス

　経営コンサルティングとは，「クライアントからの依頼に基づき，
クライアントが抱える経営上の問題や課題について，自分が持つ知
識，経験，情報，ノウハウを提供しながら解決に至るサポートをす
ること」です。筆者は常々，コンサルティングは医者の仕事に似て
いると思っています。医者も専門知識をもって患者からの相談に相
対し，診察や検査で原因を特定して，治療や薬などの解決策を提示
していきます。そして患者が医者を訪ねる理由が治したいからなの
と同じで，経営者がコンサルタントなり社外CFOなりを訪ねるのも，
会社を治したい，良くしたいからです。

　自分がどんな医者のもとへなら通いたいかと考えた時，コンサル
タントや社外CFOに必要なプラスαのスキルやマインドが見えて
きます。

図31　コンサルタントに必要なスキルとマインド

コンサルタントに必要なスキルとマインド

「専門性がある」「コミュニケーション力がある」ことを前提として，

　・（クライアントの）あるべき姿を描ける
　・事例を集める
　・持説を持つ
　・持説をクライアントに応用できる
　・クライアントの可能性を信じる
　・客観性，中立性を保つ

　まず「専門性」と「コミュニケーション力」が必須なのは言うま
でもありません。これはコンサルタントである，そもそもの前提です。

「（クライアントの）あるべき姿を描ける」というのは，医者が正常の状態を知らなければ治療もできないし処方箋も出せないのと同じです。コンサルタントがその企業なり事業のあるべき姿がイメージできないと，そこへ導くことができません。

　次の「事例を集める」というのは，最近はクライアント自身もネットなどから玉石混交の知識を自分で集めることができるので，それに対抗できるような実際の体験に基づく具体的事例をいかに多く提示できるかが信頼の源泉になります。

　そして筆者が非常に重要だと思っているのがその次の「持説を持つ」こと。コンサルには様々なアプローチが存在しますが，この方法であれば必ず結果が出るとコンサルタント自身が信じられるようなアプローチをしっかり持っているかどうか。

　そしてその「信念（持説）を各クライアントのケースに適切に応用できる」かどうか。このあたりのスキルと自信の強さが，クライアントの信頼を勝ち得るポイントになってくるように思います。

　一方，マインド面のベースとして必要なのが，「クライアントの可能性を信じる」ことです。医者が患者の自己回復力を信じるように，クライアントやその企業や従業員のポテンシャルをコンサルタントが率先して信じることです。その一方でコンサルタントはあくまで「客観的・中立的視点」も保っていなければなりません。心は熱く，頭は冷静にというところでしょうか。

　コンサルティングのプロセスは，各コンサルタントによってまったく違いますし，クライアント次第でも変わりますが，ごく一般的な流れを紹介しておきましょう。

　最初にやるべきは，コンサルティングの「ゴール設定」。そのコンサルを通じて相手が何を理解したいと思っているのか，相手の目的を正確に掴むことが重要です。その次は現状把握。相手の知識レベルや現状の理解度を掴みます。ここからは具体的な解決策を提示

する段階に入りますが，その際に相手のレベルや理解度に合わせることはとても重要です。どの程度専門用語を使っていいのか，どう伝えるとわかりやすいのか，相手に最も受け取られやすい説明ができるように工夫をこらします。コンサルティングは相手の腹にしっかりと落ちなければやる意味がないものなのです。最後に相手の理解度を確認して終了です。コンサルを受けた内容を具体的に実行に移していくのはクライアント自身になりますので，効果が持続していくためにも，相手が真に理解し納得していることが重要です。

図32 コンサルティングのプロセス

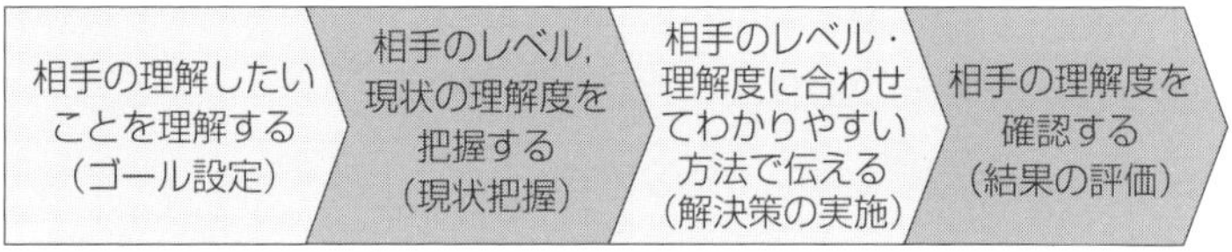

| 相手の理解したいことを理解する（ゴール設定） | 相手のレベル，現状の理解度を把握する（現状把握） | 相手のレベル・理解度に合わせてわかりやすい方法で伝える（解決策の実施） | 相手の理解度を確認する（結果の評価） |

第 3 章

PL/CF改善

　資金調達と並んでCFOのメイン業務です。第3章では，
月次決算と予実管理の実務を解説します。

CASE 3　自然派コスメ通販会社の低迷

　自然派コスメの通販で有名な（株）XYZハーバルコスメティックス社のY社長から相談を受けた。今年30周年を迎えるが，創業以来ずっと右肩上がりできた業績が2年前に突然減少に転じ，どうやら今年も大きく下がるようだ。いったいどういうことだろうか。我が社はピークを過ぎ，社会的役目を終えたということだろうか。

　XYZ社の商品は，アトピー患者でも使える品質の良さと，赤ちゃんからお年寄りまでの各世代の細かなニーズに応えられる幅広いラインナップ，他のオーガニック系ブランドよりは割安な価格設定，安心感のある優しめのパッケージなどが根強い人気を集めている。スタートは代々ハーブ農園を営んでいたY社長の両親と，商品開発から営業，実際の発送までを担うY社長だけではじめた北海道発の家族経営の小さな石鹸の会社で，販路は通信販売のみであった。そこから30年かけてY社長はXYZ社を国民的自然派コスメブランドに成長させ，今では札幌に大きな本社ビルを持ち，東京と大阪に1つずつ旗艦ショップを構えている。ひとえにY社長の時代を見る目が正しかったと言える。

　私は，ここ2，3年で社内でなにか抜本的に変えたこと，変わったことはありますかと尋ねた。Y社長に特に思い当たることはなかった。同じような商品を同じようなやり方で同じように真剣に生産・販売してきたはずなのに。思い当たるとすれば，やはり「飽きられた」ということぐらいでしょうか，とY社長は肩を落とした。

　私が調べてみたところ，国内の自然派オーガニック化粧品市場は拡大基調が続いており，少なくともあと数年は3〜4％の成長を続けそうであった。今後アジア諸国にオーガニックブームが到来すれば，さらなるチャンスも見込める。そのなかで，XYZ社は老舗で最も知名度と信頼度が高い

はずなのに……？

　私はY社長に言って，XYZ社の財務諸表を見せてもらった。ところが目星をつけていたP/Lの売上原価や販管費のところはここ数年であまり変化が見られないことがわかった。私が考え込んでいると，Y社長がふと思いついたように言った。「そう言えば，これは悪いことではなくていいことの方の変化だと思うんですが……実は2年前に販促部門の役員が変わったんです。アメリカのビジネススクールを出た後にフランスの世界的オーガニックコスメブランドの日本国内マーケティングを見ていた人で，とっても優秀な方なのにXYZへの入社を機に北海道本社に常駐してくれて，XYZを世界的ブランドに育てようと毎日駆け回ってくれています。おかげで随分社内の仕事が効率化されて，家族経営の頃の泥臭い感じがなくなってきたんですよ」

　ピンときた。XYZ社の業績低下は，なにかもっとメンタル的要因，たとえば社内の雰囲気とか社員のモチベーションとかに関わることに起因しているのではないか。

　「ところで，御社ではKPI……社員の方々の販売目標とか達成目標みたいなものは，今なにか設定されていますか？」

　私は尋ねた。

月次決算→予実管理→PL/CF改善

■ PL/CF改善はCFOのメイン業務

　この章で扱う「PL/CFの改善」と次章で扱う「資金調達」は，CFOの主要業務と言えるものです。社外CFOという外部専門家としても，クライアントから相談を受けやすく，バリューを出しやすい分野です。改善の前提としてやるべきことや様々な改善手法を理解し，実効的なアドバイスができるようにしてください。

図33 PL/CF改善の全体像

月次決算	予実管理	KPI設定
IR，ER（対投資家，従業員）	PL/CF改善	事業管理mtg
CF改善	資金繰り表作成	PL改善

■ 月次決算と予実管理の必要性

　企業のPL（Profit Loss Statement，損益計算書）／CF（Cash Flow Statement，キャッシュフロー計算書）を改善するには，前提として，月

次決算と予実管理がきちんとなされていることが必要です。中小ベンチャーには通常顧問税理士がいるので月次決算自体はきちんと行われていると思いますが，得てして月次締めが遅れがちです。さらに予実管理は，予算は立てられているが，実績との差異を見ていなかったり，一応差異分析はあるが，分析どまりだったり，そもそも実績管理のみで予算は立てていなかったり，まともに予実管理できている会社は必ずしも多くはありません。予実管理ができていないと，なにを改善すべきかが見えません。こうした月次決算の舵取り，予実管理の徹底や必要な帳票の整備は，やはりCFOが音頭をとって進めていくべきでしょう。

■ PL/CF改善の手順

　月次予算と予実管理の前提が整いました。では，具体的にどのようにPL/CF改善に着手していけばよいでしょうか。

図34 PL/CF改善の手順

順番	項目	具体的アクション
1	月次損益がわかる	試算表作成
2	予実管理で経営改善し，単月黒字化	月次損益計画作成，予実管理，経営改善
3	売掛金回収の徹底	回収督促，回収サイトを短くする
4	資金繰り管理を行う	月次週次日次資金繰表作成
5	資金調達を行う	銀行，出資，その他
6	支払時期を遅らせる	銀行返済，経費，買掛金，給与

　まず最初のステップは「月次損益を知る」ことです。今現在損益がどうなっているかがわからなければ改善もなにもありません。具体的には月次決算で作成した当該月分の試算表データが反映された損益計算書と貸借対照表をもとに，対前年比や対予算比を分析してみるとよいでしょう。

　次のステップでは「予実管理で経営改善し，単月黒字化」を目指します。PLを改善する場合にとりがちなのが，（売上の改善はそれほど簡単にはい

かないので）取り急ぎコスト削減を進める方法です。安易なコストカットは様々な副作用を招きかねません。なによりもまずは実態の把握。そしてモデルとなる収支バランスを見つけた上ではじめて，コストカットなりに手をつけていくことが重要です。その際に，コストカットについては，管理だけでなく，現場も巻き込んで具体的施策，効果や副作用を洗い出しておくこと。コストカットで現場が委縮したり，はたまた売上が下がったりすると，元も子もありません。手順としては，月次損益計画書を作成し，その計画に基づいて予実を管理し，レビューしながら経営改善を図っていくことになります。

図35　予実管理表のイメージ

***2020/3期予実比較				2019/4	2019/5	2019/6	2019/7	2019/8	2019/9	2019/10	2019/11	2019/12	2020/1	2020/2	2020/3	2019年度1	2019年度2	2019年度3	2019年度4	2019年度		
				予算	予算	予算	予算	予算	予算	予算	予算	予算	予算	予算	予算	予算	予算	予算	予算	予算	実績	達成率
売上	計		xxxxx	xxx	xxx	xxx	xxx	xxx	xxx	xxx	xxx	xxxx	xxx	xxx	xxx	xxx	xxx	xxx	xxx	xxx	xxx	xx.x%
	調査	新規	xxxxx	xxx	xxx	xxx	xxx	xxx	xxx	xxx	xxx	xxxx	xxx	xxx	xxx	xxx	xxx	xxx	xxx	xxx	xxx	xx.x%
	コンサル	既存	xxxxx	xxx	xxx	xxx	xxx	xxx	xxx	xxx	xxx	xxxx	xxx	xxx	xxx	xxx	xxx	xxx	xxx	xxx	xxx	xx.x%
	ツール		xxxxx	xxx	xxx	xxx	xxx	xxx	xxx	xxx	xxx	xxxx	xxx	xxx	xxx	xxx	xxx	xxx	xxx	xxx	xxx	xx.x%
	ソリューション		xxxxx	xxx	xxx	xxx	xxx	xxx	xxx	xxx	xxx	xxxx	xxx	xxx	xxx	xxx	xxx	xxx	xxx	xxx	xxx	xx.x%
原価	計		xxxx	xx	xx	xx	xx	xx	xx	xx	xx	xxx	xx	xx	xx	xx	xx	xx	xx	xx	xx	xx.x%
	調査	20%	xxxx	xx	xx	xx	xx	xx	xx	xx	xx	xx	xxx	xx	xx	xx	xx	xx	xx	xx	xx	XX.X%
	コンサル	20%	xxxx	xx	xx	xx	xx	xx	xx	xx	xx	xx	xxx	xx	xx	xx	xx	xx	xx	xx	xx	XX.X%
	ツール		xxxx	xx	xx	xx	xx	xx	xx	xx	xx	xx	xxx	xx	xx	xx	xx	xx	xx	xx	xx	XX.X%
	ソリューション		xxxx	xx	xx	xx	xx	xx	xx	xx	xx	xx	xxx	xx	xx	xx	xx	xx	xx	xx	xx	XX.X%
粗利	計		xxxxx	xxx	xxx	xxx	xxx	xxx	xxx	xxx	xxx	xxxx	xxx	xxx	xxx	xxx	xxx	xxx	xxx	xxx	xxx	xx.x%
	粗利率		XX.X%	XX.X%	XX.X%	XX.X%	XX.X%	XX.X%	XX.X%	XX.X%	XX.X%	XX.X%	XX.X%	XX.X%	XX.X%	XX.X%	XX.X%	XX.X%	XX.X%	XX.X%	XX.X%	xx.x%
	調査			XX.X%	XX.X%	XX.X%	XX.X%	XX.X%	XX.X%	XX.X%	XX.X%	XX.X%	XX.X%	XX.X%	XX.X%	XX.X%	XX.X%	XX.X%	XX.X%	XX.X%	XX.X%	xx.x%
	コンサル			XX.X%	XX.X%	XX.X%	XX.X%	XX.X%	XX.X%	XX.X%	XX.X%	XX.X%	XX.X%	XX.X%	XX.X%	XX.X%	XX.X%	XX.X%	XX.X%	XX.X%	XX.X%	xx.x%
	ツール			XX.X%	XX.X%	XX.X%	XX.X%	XX.X%	XX.X%	XX.X%	XX.X%	XX.X%	XX.X%	XX.X%	XX.X%	XX.X%	XX.X%	XX.X%	XX.X%	XX.X%	XX.X%	xx.x%
	ソリューション			XX.X%	XX.X%	XX.X%	XX.X%	XX.X%	XX.X%	XX.X%	XX.X%	XX.X%	XX.X%	XX.X%	XX.X%	XX.X%	XX.X%	XX.X%	XX.X%	XX.X%	XX.X%	xx.x%
販促宣伝費	計		xxxx	xx	xx	xx	xx	xx	xx	xx	xxx	xx	xx	xx	xx	xx	xx	xx	xx	xx	xx	xx.x%
	販促宣伝費率		X.X%	X.X%	X.X%	X.X%	X.X%	X.X%	X.X%	X.X%	X.X%	X.X%	X.X%	X.X%	X.X%	X.X%	X.X%	X.X%	X.X%	X.X%	X.X%	xx.x%
管理費	計		xxxx	xx	xx	xx	xx	xx	xx	xx	xxx	xx	xx	xx	xx	xx	xx	xx	xx	xx	xx	xx.x%
	管理費率		X.X%	X.X%	X.X%	X.X%	X.X%	X.X%	X.X%	X.X%	X.X%	X.X%	X.X%	X.X%	X.X%	X.X%	X.X%	X.X%	X.X%	X.X%	X.X%	xx.x%
	人件費	人件費小計	xxxx	xx	xx	xx	xx	xx	xx	xx	xx	xx	xxx	xx	xx	xx	xx	xx	xx	xx	xx	xx.x%
	家賃	地代家賃(計)	xx	x	x	x	x	x	x	x	x	x	x	x	x	x	x	x	x	x	x	xx.x%
	その他	その他小計	xx	x	x	x	x	x	x	x	x	x	x	x	x	x	x	x	x	x	x	xx.x%
営業利益			xxxxx	xxx	xxx	xxx	xxx	xxx	xxx	xxx	xxx	xxxx	xxx	xxx	xxx	xxx	xxx	xxx	xxx	xxx	xxx	xx.x%
	営業利益率		XX.X%	XX.X%	XX.X%	XX.X%	XX.X%	XX.X%	XX.X%	XX.X%	XX.X%	XX.X%	XX.X%	XX.X%	XX.X%	XX.X%	XX.X%	XX.X%	XX.X%	XX.X%	XX.X%	xx.x%

営業CF		計	xxx	xx	xx	xx	xx	xx	xx	xx	xxx	xx	xx	xx	xx	xx	xx	xx	xx	xx	xx	xx.x%
投資CF	投資	計	xx	x	x	x	x	x	x	x	xx	x	x	x	x	x	x	x	x	x	x	xx.x%
財務CF		計	xx	x	x	x	x	x	x	x	x	x	x	x	x	x	x	x	x	x	x	xx.x%
CF			xxx	xx	xx	xx	xx	xx	xx	xx	xxx	xx	xx	xx	xx	xx	xx	xx	xx	xx	xx	xx.x%
現預金残高			xx	x	x	x	x	x	x	x	xx	x	x	x	x	x	x	x	x	x	x	xx.x%

次なるステップの「売掛金回収の徹底」は，比較的着手しやすいCF改善の手法です。債権の管理や回収の徹底がアバウトになっている企業は意外と多いものです。顧問税理士が売掛金一覧を作成してはいるでしょうが，実際に担当者が督促をせず回収が進んでいなかったり，そもそもの回収サイトが相対的に長めに設定されていたりすると，CFは逼迫します。入ってくるものはなるべく早く，出ていくものはなるべく遅くが，やはりCF改善の鉄則です。

次の「資金繰り管理を行う」で，資金繰り表の作成は必須です。帳簿上は利益があるはずなのに，CFがうまく回らず倒産してしまう（いわゆる「黒字倒産」），なんてことを防ぐためにも，平時から各種費用や給与の支払い，銀行返済，売上の入金などの出納が一目でわかる資金繰り表を随時更新可能なフォームで整えておくことが大切です。フォームは月次，週次，日次に分割可能だとなおよいでしょう。

図36 資金繰り表のイメージ

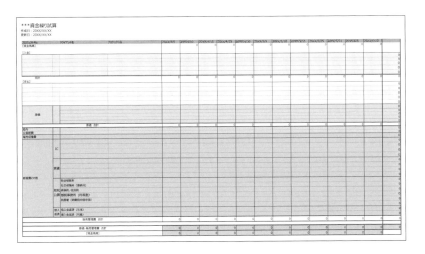

　それでも企業の財務内容が改善しきれない場合は，次のステップ，「資金調達」を行います。「資金調達」については次章で詳しく触れます。

　最後にあげている「支払時期を遅らせる」というのは，企業としては少々究極的なケースになります。明日の，あるいは来月の支払いも厳しいとなった場合は背に腹は変えられません。銀行返済，経費，買掛金，給与などの自社から出て行くお金のなかで何を遅らせるかを検討します。

3-2

KPI設定

■ KPIの定義

　事業計画を策定しそれを達成していく際に有効な手法に，KPIの設定があります。KPIとはKey Performance Indicatorの略。「事業成功のカギとなる重要指標」を意味します。事業を成功させるには収益性を高めることが必要ですが，利益そのものは直接コントロールできないので，利益増のためにおさえるべき具体的な重要な業績指標，すなわちKPIを設定することが重要になります。たとえばよくKPIとして設定されるものに新規顧客獲得件数がありますが，顧客訪問件数などの日常業務の方をKPI設定している企業もあります。

　このKPIは感覚的になんとなく設定してよいものではありません。まず自社の事業をモデル化し，その指標が利益改善に対してどんなインパクトを持つかという改善感度をよく分析した上で，最適なものを選択すべきです。

　KPIを設定する際は，指標のわかりやすさ，手の打ちやすさも考慮に入れる必要があります。全社一丸となって追いかけていくには，そのKPIが従業員に納得がいき，かつ共有しやすいものであることが重要です。生きた指標になっているかどうかが大切なのです。

■ 事業のモデル化

　KPI設定の前提となる事業のモデル化についてもう少し詳しく見てみましょう。**図37**は小売業をモデル化してみた例です。

図37 モデル化の例（小売業の場合）

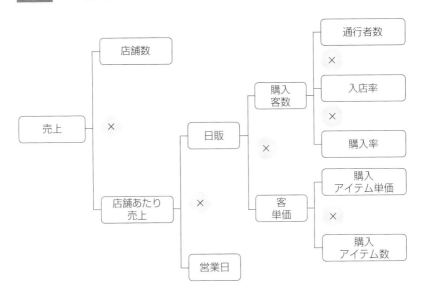

　パッと見てわかるように，モデル化とは分解に他なりません。小売業における「売上」を分解すると「店舗数」×「店舗あたりの売上」になります。さらに「店舗あたりの売上」は「日販（日商）」と「営業日」の掛け算になります。コンビニであれば営業日が365日になります。「日販（日商）」をさらに分解すると「客単価」×「客数」。ここで「客単価」は「購入アイテム単価」×「購入アイテム数」，そして「客数」は通行者数のうち何パーセントの人が入店し，そのうち実際に何パーセントの人が購入したか，すなわち「通行者数」×「入店率」×「購入率」になります。

　このように，事業の業種・業態にあわせて論理的に分解していくこと

（ロジックツリー作成）を「モデル化」と言います。モデル化する際には，ツリーの枝分かれに漏れがないよう，分解できるものはなるべく細分化することが重要です。その意味で　図37　のロジックツリーは，たとえば「店舗数」を実店舗とオンラインショップに分けたり，「購入客数」を新規と既存で分けたりするなど，まだ細分化の余地があるでしょう。

こうして事業モデルの各要素を分解して「言葉」で表し終えたら，そのうち数字に置き換えられる要素をすべて数字に置き換えていきます。細分化するとうまく数値化できない要素があれば，分解を一つ前の段階に戻してみてください。その後数字に置き換えられない定性的な要因も，整合性を考えながら織り込んでいきます。

このように事業モデルを細分化し，数値化ができると，どの指標（KPI）を最初に追うべきかが一目瞭然に浮かび上ってきます。

3-3

P/Lブロック図でPL改善

■ PL改善

PLの改善に有効なツールとして，P/Lブロック図を紹介します（図38）。これも，埋めていくとその企業なり事業なりにとって有効な収益改善レバーはどれになるかが一目で判断できます。

まず左端に売上を入れて，右側の費用は変動費と固定費に分けます。売上原価と変動費は必ずしもイコールではありませんが，ここではニアリーイコールである前提です。売上から変動費を差し引くと，いわゆる粗利（限界利益），その粗利から人件費を含めた固定費を差し引いた残りが利益（営業利益），そこから支払利息や税金を支払って残るのが税引後利益です。この税引後利益に減価償却を足すと本業由来のキャッシュが出てくるので

図38 P/Lブロック図

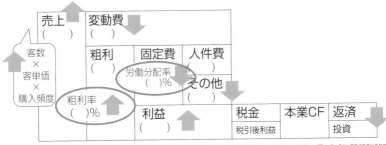

出所：『戦略会計STRACⅡ』（西順一郎編著，ソーテック社，1994年）のSTRAC表，及び『年間報酬3000万円超えが10年続く コンサルタントの経営数字の教科書』（和仁達也著，かんき出版，2017年）のお金のブロックパズルを加筆修正

（本業CF），これを返済や設備投資に回したり，増加運転資金としてプールしたりします。

　ではどうやって実際にPLを改善していくかですが，P/Lブロック図から収益改善レバーが「売上」と判断されるなら，なんとか売上をアップさせなければなりません。売上を上げるには，　図38　のように事業モデルを分解した上で，どこを戦略的に攻めていくべきか（KPI）を見極めましょう。

　収益改善レバーが「コスト」にあると判断されるなら，コスト圧縮を目指さなければなりません。変動費が高いなら，仕入先や仕入条件の見直しを図りましょう。並行して業務活動の改善・効率化によって原価を圧縮したり，在庫削減を試したりなどしながら，粗利率を上げていきます。固定費が高いなら，評価報奨制度を早い段階で整えるなり見直すなりしてトータルの人件費を圧縮すべきですし，業務プロセスや役割分担を見直して組織全体の効率化も図っていくことで，結果として人件費率を下げていくべきです。人件費以外のたとえば広告費や販促費，管理費の見直しや，細かいですが備品の削減などもじわじわと効果を上げる可能性があります。

　キャッシュフローから拠出する投資についても，きちんと経済性を分析することで効率化が図れます。たとえば社内パソコンへの設備投資なども，古い型のものをずっと使い続けるのが経済的なのか，それとも最新の機種に買い替えた方が生産性が上がるのか，といった塩梅です。

　こうしたP/Lブロック図を使って企業全体のPL改善を模索していくと，各論で対症療法を施していた場合と比べ，思いがけない相乗効果が生まれたりもします。

3-4

IR（Investor Relations）

■ IR報告に備える

　IR（インベスター・リレーションズ）とは，企業が株主や投資家に対して経営状態や財務状況，実績や今後の見通しなどについて情報開示する活動のことです。IRは，次章の資金調達に関わってくるCFOの大切な業務の一つです。

　上場企業は，投資家や金融機関その他から常にIRを求められます。非

図39 IRフォーマットの例

上場企業であっても，たとえばVC（ベンチャーキャピタル）や事業会社から少し大きめの出資を受けようとする際には多くは定期的に求められますし，個人株主から月次でレポート形式で求められる場合もあります。こうした情報は，あらかじめ定型フォーマットを作って，こちらから定期的に報告するようにしておくと，投資家や金融機関の信頼を得やすくなります。こうして日頃からきちんと報告をしておくと，次回の資金調達につながりやすいというメリットがあります。

　企業が上場した場合，IRはCFOの主要業務になってきますし，たとえ上場しなくとも中小ベンチャーでは依頼される頻度の高い業務です。必要な数字は取締役会の報告資料などで求められるものとほぼ変わりませんので，あわせて定型フォーマットを作成しておくとよいでしょう。

3-5

ER（Employee Relations）

■ ER

　ER（エンプロイー・リレーションズ）は，そのまま訳すと従業員との関係性ですが，転じて社内への広報活動を意味します。ここでは，企業の経営状態や財務状況を従業員と共有する意味で使っています。（ここで言う）ERは，日本ではIRに比べてあまり浸透しておらず，実際あまり行われていません。一方で意識の高い一部のベンチャーではフル開示されているという両極端な対応状況となっています。

　ERは企業のPL/CF改善に大きく寄与する可能性があります。貢献可能性としてはIRよりもむしろ重要ではないでしょうか。考えてみてください。従業員は社外の投資家や金融機関なんかよりもずっと自社の財務状況に敏感です。会社がちゃんと儲かっているか，成長しているか。給料は上がっていくのか，経営はうまくいっているのか，倒産したりしないか。中小ベンチャーの従業員は，多かれ少なかれどことなく不安を抱えているものです。その不安をうまく解消し，適宜会社の財務状況をシェア（ER）していけば，従業員にとって大きなモチベーションとなり得ます。たとえば利益が上がれば上がるほどば自分たちに返ってくるような仕組みになっていることが理解されれば，PL改善の大きな原動力になります。ERにより会社を身近に感じられるようになるので，組織マネジメントも円滑化するでしょう。適切なERがあった上でKPI設定がなされれば，大きなレバレッジ効果を生むのではないでしょうか。部署の，自分の目標KPIを達成することが，会社の業績，ひいては自分の給料，役職につながる。だったら…，という塩梅です。

であればと，即座にフル開示でERする前に，まずは従業員の財務リテラシーを見極めましょう。リテラシーが低い場合，フルERしても財務資料を読まない読めない，読めたとしてもセンセーショナルな部分だけを取り上げて大騒ぎしてしまう，そんなことが起こりがちです。つまりERの前提としては，事前に従業員の財務リテラシーを一定レベルまで引き上げておくことが大切です。先に触れたP/Lブロック図など，直感的にわかりやすい概念図を使って，従業員におおまかな財務諸表の見方読み方，さらには改善の仕方を，研修などを通じて教育すると良いでしょう。

図40 ERフォーマットの例

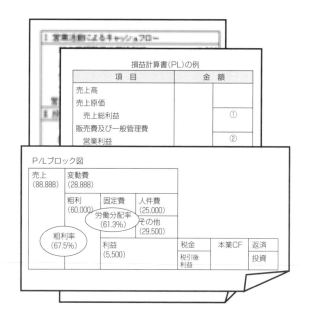

第3章まとめ

　PL/CF改善は，資金調達と並んでCFOのメイン業務。合理的に行う前提として，月次決算と予実管理は必須。

　PL/CF改善の手順は，優先順位の順に，「月次損益を知る」→「予実管理で経営改善し，単月黒字化」→「売掛金回収の徹底」→「資金繰り管理を行う」→「資金調達を行う」→「支払時期を遅らせる」。

　事業計画の達成にはKPI（Key Performance Indicator）すなわち「事業成功のカギとなる重要指標」の設定が有効。

　KPI設定には，事業のモデル化（細分化）が必要。分解した事業モデルの各要素を「言葉」で表し，それを数字に置き換えていく。モデル化することにより，設定すべきKPI指標が明確化する。

　PL改善には「P/Lブロック図」で全体像を把握するのが有効。当該企業や事業にとって有効な収益改善レバーが一目瞭然に判断できる。ブロック図を使うと，各論で対症療法を施す場合と比べて思いがけない相乗効果が生まれたりする。

　IR（Investor Relations）は，株主や投資家に対して経営状態や財務状況，実績や今後の見通しを開示していく活動。日頃から定形フォームで定例的に報告をしておくと，信頼を得やすく，次回の資金調達につながりやすい。

　ER（Employee Relations）として，経営状態や財務状況を従業員と共有することも非常に重要。従業員がモチベーションを感じると，PL/CF改善や組織マネジメントの効率化にレバレッジ効果を期待でき，IRよりむしろ重要と言えるかもしれない。ただし前提として，従業員の財務リテラシー教育が必須。

Column 経営者コーチングT-GROWモデル

　経営者に対するコーチングの進め方として，「T-GROWモデル」を紹介します。

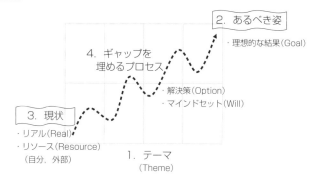

図41 経営者コーチング　T-GROWモデル

- 2. あるべき姿
  - ・理想的な結果(Goal)
- 4. ギャップを埋めるプロセス
  - ・解決策(Option)
  - ・マインドセット(Will)
- 3. 現状
  - ・リアル(Real)
  - ・リソース(Resource)
    (自分，外部)
- 1. テーマ
  (Theme)

※英国のJohn Whitmore（ジョン・ウィットモア）が開発したコーチングの基本モデルGROWモデルを参考に作成

　コーチングでは，まず最初に「テーマ」（Theme）を設定します。コーチングの意義はクライアント自身に答えを出させるところにありますから，「テーマ」はクライアント自身が決めるべきです。クライアントが「テーマ」を設定できたら，コーチはクライアントに「現状（Real）」を確認しつつ，「あるべき姿」を尋ねます。「あるべき姿」とはクライアントが思い描く理想的な結果，つまりGoalです。その上でコーチはもう一つのR，Resourceについても尋ねます。Goalに向かうためのResource（資源）が，あなた自身やあなたの会社の中に存在しますか。なければ外部から調達することはできますかと聞くのです。Goal（あるべき姿）とReal（現状）が客観視できれば，あとは両者の「ギャップを埋めるプロセス」になります。

コーチはクライアントから具体的にどうやってそのギャップを埋めていくかという解決策のOptionを引き出したり，ギャップを埋めていくための意思（Will）確認，すなわちマインドセットを作ったりします。

　コーチングは，クライアントが自力で目標達成・問題解決できるようになることをサポートする，すなわち相手の可能性を引き出すコミュニケーションのスキルです。単なる言葉のテクニックだけでは効果的なコーチングを行なうことはできません。コーチングの土台（コーチングピラミッド）を備えてはじめて，相手の可能性を引き出すコーチングを行うことができます。

図42　コーチングピラミッド

スキル	1.認める 2.聴く 3.質問する 4.FBする
クライアントとの信頼関係	1.ラポールを築く 2.耳を傾け，受け入れる姿勢を持つ
コーチングマインド	1.相手の中に答えがあると信じる 2.相手の100%味方である
自己基盤	1.自己理解 2.自己承認 3.自己開示

※銀座コーチングスクール　テキストを参考に作成

　決してこちらから押しつけるような形の答えの出し方ではなく，まだ言語化・数値化・ビジュアル化されていないがクライアント自身の中に漠然とある「思い」があることを信じ，そしてそれを引き出し，具現化して答えの形にしていく方がよほど喜ばれ，経営者自身のモチベーションが上がります。是非ともセッションの経験を重ねて，有意義なコーチングを行ってみてください。

第 **4** 章

資金調達

　資金調達もCFOのメイン業務です。資金調達は「できるときにする」のが鉄則。それぞれの調達手法のメリット・デメリットを押さえておきましょう。

CASE 4　学生起業ベンチャーのファイナンス

　大学生の甥のEがふらりと訪ねてきた。Eは都内の有名私立大学の理学部に通う4年生。入学してすぐに友人と学生ベンチャーを立ち上げ，一定の成功をおさめた，その世界ではちょっとした有名人である。その頃盛んに開催されていた産学協同主催のビジネスコンテストで優勝し，学校の助成を受けながら開発した彼のスマホアプリはその翌年のスマッシュヒットとなり，プログラミングが得意な工学部の友人Dと一緒にベンチャーを立ち上げてしばらく自ら運営していた。ところが追随するアプリが次々と出てくる過酷な世界での開発競争対策と，日に日に難しくなっていく大学の勉強とを両立していくことが難しくなり，昨年大手IT企業の系列子会社に自社を売り払って，ようやく卒論を書き終え，来年春の大学院進学を決めたところであった。

　「一緒にベンチャーをやっていた友人のDが，面白いアプリのアイデアを思いついたんです。最近のチケット不正転売問題を根本から解決する画期的なチケットアプリです。会場入口での顔認証承認型はもう実用化されてしまいましたが，直前に急病で本人が行けなくなった時に（高いチケットなので）代わりに誰かに行ってもらうだとか，未成年でクレジットカードを持たないので親の名義で取ったとか，そういう正当なケースをどうアプリ内に織り込めるかというところに着目して……この別画面の委任フォームというところに移動して……。」Eは仕様書を見せながら出来上がりのアプリのイメージを説明してくれた。

　その方面にはあまり詳しくない私だが，Eの語るDのアイデアには，なるほどなと思う部分がたくさんあった。そんなシステムがあれば助かる人が随分いるなとも思った。「早くアプリを立ち上げればいいのに」と私はEに言った。すると，Eは困ったように「難しいんですよ。今回は個人でやるには開発にお金と時間がかかりすぎるんです……」と言った。

聞けばそのアプリの制作には，ざっと見積もって1,000万円近い開発資金がかかりそうだとのこと。しかも開発は急がなければならない。こういう業界は他社が次々と新しいアイデアで勝負してくるからである。「Eになら，前に会社を買ってくれたエンジェル投資家みたいな人たちがついてるでしょ」という私に，Eは首を振り，「今回はあくまでDなんです。卒業して当面はその会社一本でやってみたいって。僕はさすがに大学が忙し過ぎて今は無理で……そう言ったら知り合いの投資家の人たちは，Eが自分でやらないんなら今回はちょっと，って……」

　私は昔何度かEのオフィスで会ったことのある，実直で大人しそうなDの顔を思い浮かべた。やはり話し上手で底抜けに明るく頭の回転の早いEがいてのD，という印象があり，D一人でやるとなるとどこかしら不安が残る気がした。そのことを正直に伝えると，「叔父さん，違います。Dほど信じられるヤツはいないんですよ。あいつがなにかを信じることはめったにないけど，いったん信じたら，絶対に結果が出るんです。というか，結果を出すまでやり抜くヤツなんです。でもそれがなかなか伝わんないんですよね。僕も一緒に事業をやってはじめてわかったことだから……。銀行とか，Dに貸してくれないですかね？」

　「普通の銀行はちょっと無理だなあ。会社に実績がないどころか，まだ創業もしていないし……1,000万円って言ったよね？　新創業融資っていうのを知ってるかい？」

資金調達のメニュー
(Debt, Equity)

■ 資金調達の全体像

「資金調達」は，前章の「PL/CF改善」と並んでクライアント・ニーズの高い，社内外のCFOがバリューを発揮しやすい業務です。本章では特にその「資金調達」の2大戦略であるDebt（銀行などの金融機関からの融資）とEquity（投資家からの出資）について重点的に説明していきます。

社内CFOであろうと社外CFOであろうと，Chief Financial Officerを名乗る限り，CFOはFinancial部門のメイン担当者です。上場企業であれば

図42 資金調達の全体像

資金調達戦略 (Debt, Equity)	資本政策	取引金融機関開拓
パブリシティ	資金調達	VC開拓
IR	調達交渉	関係性構築

資本市場に直接相対する立場ですし，ベンチャーでは資金調達のキーパーソン（CEOが顔として前面に立ちますが，数字面を管轄するのはCFO）になります。CFOはDebtとEquity，それぞれの特徴と両者の違いを理解し，実際に調達にこぎつけるノウハウを身につけておかなければなりません。

　資金調達は，具体的には 図42 のような業務から構成されています。

■ 資金調達の種類と２大戦略（DebtとEquity）

　資金調達には 図43 に示すように様々な手法があります。２大戦略で

図43　資金調達の種類

資金調達の種類	資金の出し手	詳細	メリット	デメリット
融資	銀行	プロパー	金利低	ハードル高
		信用保証付	ハードル低	枠上限有
		ノンバンク保証付	ハードル低	金利高
	政府系金融機関	創業融資	ハードル低	枠上限有
		資本性ローン	赤字時金利ゼロ	黒字時金利高
	ノンバンク	有担保，無担保	融通きく	金利高，色がつく
資産売却	ファクタリンク			ハードル高
	リースバック			要固定資産
出資	VC		利払・返済不要	条件多，経営介入，シェア低下
	事業会社		利払・返済不要，事業メリット	銘柄の質・量見られる，経営介入，シェア低下
	個人投資家		利払・返済不要	銘柄の質・量見られる，株主分散
	クラウドファンディング		利払・返済不要	株主分散
知人からの調達	知人，親族	融資	融通きく	金額小，交友関係？
		出資	利払・返済不要	金額小，交友関係？
		少人数私募債	融通きく	交友関係？

あるDebt（銀行などの金融機関からの融資）とEquity（投資家からの出資）の他にも，資産を売却して資金を得る手法や，知人や親族などから資金調達する手法などがあります。

　それぞれの資金調達方法にはそれぞれメリットとデメリットがあります。その中でも，実際の調達までにどのくらい時間がかかるかは重要なポイントです。資金調達は大抵の場合，想定を超えて時間がかかるもの。資金調達の鉄則は「できるときにする」です。比較的早いと言われる公庫からの融資でも，1カ月はかかりますし，VCの出資であれば，3カ月あるいはそれ以上の時間がかかるでしょう。それだけかかると，待っている間に状況もどんどん変わってきます。加えて，資金調達はたとえ内定しても当初腹積もりしていた金額や条件で着地するとは限りません。よく銀行は「晴れたときに傘を差し出してきて，雨が降ったときに傘を取り上げていく」と皮肉られることがありますが，貸す方もビジネスですからそれは当然のことです。資金調達する側がそれぞれの資金の出し手の特徴や調達のメリット・デメリットをあらかじめ把握した上で，早め早めに調達計画を練っていくべきです。

　2大調達戦略であるDebtとEquityは同じ金融がらみの良く似た手法と思われがちですが，実は必要な知識も相手方も，関わる専門家も異なる全く別の手段です。上場企業も中小ベンチャーも，DebtとEquityのいずれか一辺倒という企業はあまりなく，双方あるいは他の手段まで動的に組み合わせた上で資金調達を行っています。CFOら担当者は，各手法の違いをよく理解した上で機動的・戦略的な併用を図っていかなければなりません。

　では実際にどの方法を選んでいくか。私見ですが，調達においてはEquityよりDebtを優先すべきです。まずなにより，創業融資として公庫から借り入れ可能な枠を使わない手はありません。無担保・無保証ですし，決裁も比較的ハードルが高くありません。そして，信用保証協会保証付き

銀行融資を経て，目指すべきは銀行プロパー融資です。プロパー融資とは信用保証協会の保証を付けずにその銀行自身がリスクを背負って融資してくれるものです。同じ銀行融資でも信用保証付きの方が当然ハードルは低いわけですが，信用保証付きは銀行以外に信用保証協会の審査があるためにどうしても時間がかかってしまいます。それに信用保証協会の信用枠内という金額的な縛りもあります。一方でプロパー枠は各銀行単位での決裁になりますので判断が早く，金額もフレキシブルです。これらの融資が難しかった場合にはじめて出資（Equity）を検討します。Equityの中でまず目指すべきは事業会社からの事業提携を視野に入れた資本提携，資本調達です。VCからの調達にはIPOなどExitを求められたり，様々な条件が付いてきます。個人投資家からの調達は基本的に金額（ロット）が少なくなりがちですし，必要額をカバーするために多くの個人投資家から資金を集めると，今度は株式分散の恐れが出てきます。

　次項以降でDebtとEquityの違いをより細かく説明していきますので，皆さん自身の視点と，調達を希望する企業の業態や資金使途などを総合的に考えた上で，最適な調達計画を考案するようにしてください。

■ DebtとEquityの違い（投資家視点）

　Debt（有利子負債）とEquity（株主資本）の違いをもう少し詳しく見ていきましょう。 図44 は投資家視点から見た違いです。

　まず①元利金の支払いが約束されているか，という点ですが，Debtは債権ですから，融資先企業が倒産等しない限りは元利金の支払いが約束されています。一方でEquityはあくまで出資という前提なので，元利金の支払いは約束されていません。業績次第で価値が大きく向上する期待もあれば，元本を割り込むリスクもあります。

　次に②返済期限はあるか，という点ですが，Debtは返済期限も利率も

返済スケジュールもあらかじめ決まっています。返済時に融資先の業績が良かろうと悪かろうと，融資した側の持つ債権自体の価値は変化しません。一方，Equityには特に返済期限はありません。こちらは投資した側が，投資先の業績が上がればリターン（キャピタルゲインや配当金）を得，悪化すればキャピタルロスや無配当を被ります。

つまりEquityには①の元利保証も②の返済期限も両方ないので，相対的に見て（投資家側にとって）リスクが高く不確実性も高い手段と言えます。

たとえば企業価値が100億円の企業があり，その内訳が，株式価値（株主調達）50億円＋負債価値（銀行借入）50億円だったとします。

この企業の業績が悪化した場合，株価は下がりますから，株式価値が減少します（50億円→30億円）。しかし負債価値は変わりません（50億円→50億円）。

図44　DebtとEquityの違い（投資家視点）

	有利子負債（デット）	株主資本（エクィティ）
元利金の支払いは約束されている？	・倒産しない限りは，支払いが約束されている	・支払は約束されていない ・業績次第で大きく価値が向上，あるいは元本を割り込む
返済期限はある？	・返済期限（及び利率や返済スケジュール）が定まっている ・デットを一定金額以上に増やすと業績悪化した時に返済や借り換えが難しくなり破綻に至る可能性がある	・返済期限がない ・リターンは株価上昇か配当だが，業績悪化の場合は配当が減る，なくなることもある

逆にこの企業の業績が向上した場合，期待も含んで株価は上昇しますから，株式価値が増大します（50億円→80億円）。しかしこの場合も負債価値は変わりません（50億円→50億円）。

つまりこの例からも，Equityによる資金調達の比率が高い企業の株式価値は業績変動の影響をダイレクトに受けやすいことがわかるでしょう。

Equityのリスクに関してもう一つ，特殊なケースですが，倒産時に企業の各種負債がどう扱われるかを見てみましょう。

倒産時において企業は残余財産を債権者に配分（山分け）していくことになりますが，その際の請求権の法律上の順位は，まず債権者（Debtその他）が優先。株主（Equity）はその劣後に置かれています。つまりこの例からも，Equityの方がいざという時に高リスクであることがわかるでしょう。

図45 DebtとEquityの価値変動（通常時）

業績悪化
シナリオ

将来の
FCF減少

将来の
FCF増加

業績向上
シナリオ

企業価値
100億円

負債価値
（銀行）
50億円

株式価値
（株主）
50億円

企業価値
80億円

負債価値
（銀行）
50億円

株式価値
（株主）
30億円

企業価値
130億円

負債価値
（銀行）
50億円

株式価値
（株主）
80億円

■ DebtとEquityの違い（経営者・資金調達の視点）

今度は経営者側の資金調達の視点からDebtとEquityの違いを見てみましょう。

図46　DebtとEquityの違い（経営者・資金調達の視点）

	有利子負債（デット）	株主資本（エクィティ）
メリット	• 資本コストを下げることができる • 節税効果を得られる • ROEが向上する	• 資金運用の自由度が高い • 株主資本比率が高まる
デメリット	• 支払利息が経常利益，当期純利益などを悪化させる • 債権者・銀行に対するキャッシュアウトのタイミングが決められるため経営の自由度が低くなる • 過度の負債は倒産リスクを招く	• 資本コストが高くなる • 経営権を保有される • 調達できる額が市場環境に左右される度合いが大きい

まずDebtには，Equityより資本コスト（資金調達コスト）を下げられるというメリットがあります。前項で見たように，投資家視点から見ると，企業の株式への出資（Equity）は企業への融資（Debt）よりも高リスクです。すると投資家は，リスクの低いものは低い利回りでも満足するものの，リスクの高いものに対しては高い利回りを要求します（ハイリスク・ハイリターンの原則）。つまり株主の期待収益率（＝株主資本コスト：rE）は銀行からの融資利率（＝負債コスト：rD）より相対的に高くなります。逆に言えば，銀行からの融資利率は株主の期待収益率より相対的に低く抑えられる，すなわちDebtはEquityより資本コスト（資金調達コスト）が安くすむことになります。増して，長らく低金利の続く昨今においては尚更その印象が強いです。

さらにDebtには，節税効果を得られるメリットがあります。たとえば売上が100あって，そのうちコスト（製造原価，販売および一般管理費

等）が70かかっている，営業利益が30の企業があったとします（図47）。

　実効税率を仮に40％とすると，当該企業が無借金である（Debtがない）場合（ケース①），法人税は30×40％＝12となります。したがって当期純利益は18となります。もし当該企業に借入があり，支払利息が10である場合（ケース②），法人税は営業利益（30）から支払利息（10）を引いた20に対してかかりますから，法人税が8で当期純利益が12という計算になります。比較するとケース②（借入がある場合）はケース①（無借金の場合）よりコスト（支払利息）が10増えるが，純利益は6しか減らないという計算になります。つまり実質的なコストの増加は6で，節税効果が4あったという計算になるのです。

　このように，Debtの調達コストは税引前に費用化できる一方，Equityに対する配当は税引後の利益から支払うことになります。つまりDebtはEquityに比べて節税効果があると言えるのです。

　図46 にはEquityのデメリットとしてもう一つ，経営権を保有される可能性というものが上がっています。出資を受けるということは自社の株主になってもらうということであり，それはイコールその持ち株分の経営権を保有されることに他なりません。その後経営に対して口出しされる可能性があることは念頭に入れておくべきでしょう。

図47 節税効果

ケース① 無借金の場合			ケース② 支払利息が10ある場合		
			支払利息10		
法人税 12	当期純利益 18		法人税 8	当期純利益 12	

このように，経営者側から見てもDebtとEquityにはそれぞれメリット・デメリットがあります。理解した上で，たとえば新規事業やスモールビジネスの中小ベンチャーなら自己資金ではじめつつ足りない分をDebtで補完しようとか，短期間でExitを期待されるであろうスタートアップ企業ならEquityメインでいくとか，既存企業が大型設備投資する場合の資金調達なら長期借入（Debt）からあたりはじめて株式公募増資（Equity）を加えていくとか，企業の業態や資金の用途などに応じて適切な順序，適切な組み合わせで資金調達を行っていくべきでしょう。

■ 資本コスト（資金調達コスト）

資本コスト（資金調達コスト）についてもう少し詳しく説明しておきます。

企業は実際にはDebtとEquityのいずれか一辺倒という形ではなく，両者を動的に組み合わせて資金調達を行うのが一般的です。なので，資本コストも金融機関の融資利率（＝負債コスト：rD）と株主の期待収益率（＝株主資本コスト：rE）双方の影響を受けます。これらをトータルしたも

図48 加重平均資本コスト（WACC）

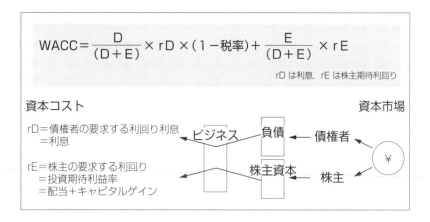

$$\text{WACC} = \frac{D}{(D+E)} \times rD \times (1-税率) + \frac{E}{(D+E)} \times rE$$

rD は利息，rE は株主期待利回り

資本コスト　　　　　　　　　　　　　　　　　　　　資本市場

rD＝債権者の要求する利回り利息
　　＝利息

rE＝株主の要求する利回り
　　＝投資期待利益率
　　＝配当＋キャピタルゲイン

ビジネス　負債　←　債権者

株主資本　←　株主

¥

のを加重平均資本コスト（WACC：Weighted Average Cost of Capital）
と呼びます。

　WACCは資金提供者による期待収益率，つまり金融機関の融資利率と
株主の期待収益率を加重平均したもので，■図48■の計算式で表されます。
複数の負債（D）が存在する場合，すべての負債の利率を加重平均しなけ
ればなりません。また株主資本（E）の値は，簿価ではなく時価，すなわ
ち株価×発行株式数を使います。

　ちなみに，■図49■のX社，Y社，Z社のなかで，WACC（加重平均資本
コスト）が一番高いのはどの企業だと思いますか？

　パッと見たところ借入（Debt）の利率（rD）はZ社が4％と最も高く，
株主の期待収益率（rE）も15％と同じくZ社が最も高いのですが，実際に
WACCを計算していくと，なんとZ社がトータルで6.2％と一番調達コスト
が少なくすんでいます。他方，融資利率（rD）も株主の期待収益率（rE）
も低いはずのX社の調達コストは7.3％と一番大きくなります。（Y社は
6.6％）　これにはDebtとEquityの比率が関係しています。X社はEquityの
比率が9割と非常に高い一方，Z社はD対E＝70対30でそれほど高くあり
ません。

　資金調達はこうした資本コスト面も考慮しながら，最適な組み合わせを
考えていくべきでしょう。

■図49■　加重平均資本コスト（WACC）の計算例

	X社	Y社	Z社
rD	1％	2％	4％
D	10億円	50億円	70億円
rE	8％	12％	15％
E	90億円	50億円	30億円
税率	40％（3課題共通）		

4-2

金融機関の種類，
見られるポイント，創業融資

■ Debtの調達交渉

　それでは実際にDebt調達をする場合，どのように取引金融機関を開拓し，どのように調達交渉を進めていけばよいのでしょうか。

　実は，融資の際に取引金融機関が見ているのは経営者という"人"ではなく，どちらかというと"会社"です。これは出資の際に投資家がどちらかというと"会社"よりも"経営者"を見て判断するのと対照的です。取引金融機関はその会社が大きな利益を上げそうかということには究極的にはあまり関心がなく，それよりもその会社が約束通りに返済してくれるかどうかの方が大切です。この意味で，経営者本人が前面に立たずとも，CFOがメイン担当者として調達コーディネートを進められる余地があります。

■ 金融機関の種類と見られるポイント

　企業が調達交渉すべき金融機関は，その企業の事業ステージによって変わってきます。

　事業がおそらくまだ黒字になっていないシードステージでは，金融機関に融資を断られることが多いでしょう。この時点では日本政策金融公庫からの融資や，信用金庫の信用保証協会保証付き枠を狙ってみるのが良いです。

アーリーステージに移行し，黒転して事業が回りはじめると，次第にどの金融機関も融資に前向きになってきます。まずは信金や地銀をあたってみましょう。やがて粗利が３億円を超えるレベルになると，メガバンクも融資を了承してくれるようになってきます。この段階になると（信用保証協会の保証のいらない）プロパー融資に応じてくれるようになり，融資枠もどんどん拡大します。

　レイターステージに入って，粗利が10億近くになってくると，逆にメガバンク側から借りてほしいと言ってくるようになってきます。その先に上場なども見えてきます。

　取引金融機関は一社でなく複数社持つのがよいでしょう。メイン銀行，サブ銀行といった具合に複数の取引先を持っている方が，単独取引の場合よりも条件交渉に強くなれる場合が多いです。

　このように金融機関には様々な種類がありますが，資金調達の際のチェックポイントはどの金融機関もほぼ同じです。まずは①財務諸表，す

■図50■ 金融機関の種類

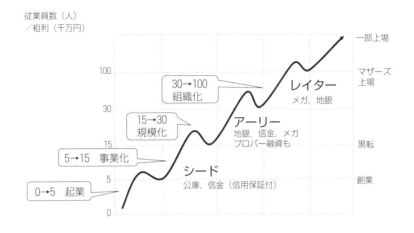

なわちP/L（損益計算書）やB/S（貸借対照表）です。そうした財務諸表でいくら利益が上がっているのか，その利益は継続的に上がっていく可能性があるのかといったところを見られます。B/Sの仮受金や貸付金の内容をチェックされることもあるでしょう。その上で②資金使途，運転資金なのか設備投資なのかなど，今回の融資の目的を見られます。あわせて③返済原資がどうなっているかの確認。たとえば新規に工場を建てるという設備投資が目的で借りるなら，その工場を建てることでいくら売上がアップするからいつまでに返済が可能といった返済計画のリアリティーを見られます。最後に④担保保全，何を担保に提供できるかを確認されます。どの金融機関もチェックポイントはこの4点に集約されるかと思います。

　結局金融機関が見ているのは，その企業が「アウト（倒産）にならないか」という点です。アウトになったら，融資は返ってこないのですから。アウトにならないことが大前提で，その次が「ヒット（利益）が出そうか」。ヒットが安定的にも出そうなら尚良しで，長くつき合ってくれる。「ホームランが出そうか」を他のなによりも重視するVCとは異なるビジネスモデルと言えます。

■ 金融機関との調達交渉

　では，金融機関とは具体的にどのように調達交渉をしていけばよいのでしょうか。

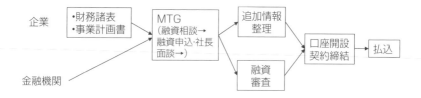

図51 金融機関との調達交渉

資金調達を希望する場合，まずは企業サイドから金融機関に財務諸表を提出します。事業計画書などを求められることもあるでしょう。書類が通れば，金融機関の融資担当者とのミーティングがはじまります。担当者は融資申込者の業界研究を専門的に行っているわけではないので，ミーティングの内容は財務諸表のチェックがメインとなるでしょう。ミーティングを通じて正式に融資を申し込んだ後，新規か既存かで多少扱いは変わりますが，経営者（社長）との顔合わせの席を設けたり，金融機関から求められる追加情報を提出したりしながら，融資担当者，役席，支店長といった金融機関内の各階層の融資審査チェックをクリアしていきます。信用保証協会が保証する枠での融資であれば，その途中で信用保証協会に稟議を回すなどの作業も発生します。めでたく融資がまとまると，新規なら口座開設。その後融資契約書を締結し，払込という流れになります。もちろんCFOなど担当者は，その後の返済についてもしっかり管理・フォローしていく必要があります。

■ 融資審査のポイント

　ここで金融機関内の融資審査の際に見られるポイントもまとめておきます。

　まずP/Lですが，赤字の場合はやはり厳しく突っ込まれます。そもそも返済できるのかという根本的な疑いが生じるからです。ただ金融機関の側にもノルマがあり，貸し先を探し続けなければならないという事情があるので，年次は赤字でも月次は黒字で，今後もそれが続くと説明できるような補足資料があれば，時に前向きな回答が得られたりします。

　B/Sに関しては，不明な勘定科目があると説明を求められます。中小企業に多いのはよくわからない貸し付けや未払いです。きちんと説明できれば問題はないのですが，債務超過の場合は企業の健全性に疑問符がつき，貸し倒れリスクが高いので，融資は基本的にNGと考えてください。

資金繰り表や事業計画書は融資審査に有効に働きますので，作成している場合は財務諸表とあわせて提出するとよいでしょう。

　資金使途や返済原資については辻褄のあった説明ができるかどうかが重要です。こちらもペーパーに落として論理的に説明できる形で提出すると良いでしょう。

　もう一点，金融機関からの借入は，基本的には代表取締役の連帯保証が必要になります。担保の方は無担保でいけることが多いのですが，金額が大きかったり，使途が設備投資だったりする場合はやはり求められることがあります。長年，代表取締役の連帯保証制度が経営のフレキシビリティーを狭めているということが問題視され，最近，経営者保証ガイドラインというものが出て，代表取締役の連帯保証が不要な場合も増えてきています。連帯保証を求められた場合はそうしたガイドラインを示して融資担当者と交渉してみるのも手ですが，やはり保証は必要という結果になることが多いようです。

　金融機関からの融資は，財務諸表がきちんとしていて申し込む相手さえ間違えなければ，借入余力の範囲内で決裁を得られることが多いと思います。CFOとしては，一連のプロセスを管理またはサポートしつつ，赤字など財務諸表が整っていない場合は何らかの形で説明できるようにして，業態や用途にあった最適な金融機関のあたりをつけて，窓口への飛び込みではなく，紹介でやる気とスキルのある生きのいい担当者に持ち込んで検討してもらうこと。そうした入念な調達戦略が確実な融資決定につながっていきます。

■ 創業融資

　市中の金融機関融資のうち公庫（日本政策金融公庫）からの融資（特に創業融資）は，少々特殊ですが多くのメリットがあるので，調達方法を

知っておくとよいでしょう。

　企業が創業時から申し込める公庫の創業融資には，①新創業融資制度と②中小企業経営力強化資金があります。どちらも無担保・無保証で，①は支店内で決裁できる金額（実質的な借入限度額）が1,000万円，②は外部の専門家（認定支援機関）の認定を受けた上で支店決裁の金額（実質的な借入限度額）が2,000万円です（2020年1月現在）。

　また，①や②に，いわゆる制度融資（各自治体が地域内での開業率を上げるために利息を補填するなどの各種メリットを提供する制度，ベースは信金の信用保証協会の保証付き融資）を組み合わせた③協調融資という手法もあります。③を使えば，たとえば創業時に3,000万円を調達したい企業があった場合，まず②の経営力強化資金から無担保・無保証で2,000万円を調達し，制度融資から1,000万円を調達してこの分だけ信用保証協会の審査を受ける，というやり方もトライできます。こうした公庫と信金のコラボレーションは，公的機関が民業を圧迫してはならないという理由から，件数が増えてきているようです。

　個人的にお勧めなのは②の中小企業経営力強化資金です。無担保・無保証で限度額も比較的大きく，利息も若干ながら低くなり，専門家（認定支援機関）が関与して借入額など諸条件を改善できる余地があります。③の協調融資になると決裁に時間がかかってしまいますが，②は単独決裁なので比較的決裁も早めです。

　創業融資の具体的な申し込み方法は公庫のホームページに載っています。必要な事業計画書のフォーマットなども掲載されており，記載例もあることから，記入はそれほど難しくないでしょう。申し込みは「支店窓口までお問い合わせください」と書かれていますが，正攻法で窓口申し込んでも思うように事が運ばない場合があります。やはりなんらかの伝手をたどって公庫の融資営業の担当者に直接持ち込むのがよいと思います。

公庫の融資審査のポイントは，以下の4点に集約できるかと思います。①経営者の経験や能力。個人事業や中小企業では事業の推進者は経営者自身になりますので，その人の経験や能力が問われます。次に②自己資金。これは実直に企業を経営していけるかどうかの判断材料にもなります。そして③返済の可能性ということで事業計画。創業時の赤字は当然としても，半年前後で黒転できるかどうかを見られているようです。そして④資金使途。融資されたお金を設備資金に使うのか運転資金に使うのかです。これらの要素を総合的に審査するため，どれかを満たせていないと減額になったり，融資自体がNGになったりします。また，企業がこれらのポイントをクリアしていても，経営者個人にクレジットブラックや税金滞納があったり，たとえばやり取りの中でキレるなど人格的な問題があったりすると，マイナス判断になる場合があります。

　創業融資を申し込んで実際に入金まで行き着く確率は，私の感覚で言うと五分五分ではないでしょうか。決裁にかかる時間は1ヶ月前後と比較的短いです。金額としては，初回に300〜500万円，そこから取引を重ねて増額していくのが典型のようです。初回から限度額いっぱいの融資をとるには，スキルのある専門家の介在が不可欠です。こうしたところにも社外CFOの活躍余地があります。

4-3

VCの種類，見られるポイント

■ Equityの調達交渉

　続いてEquity調達を見ていきます。Equityには事業会社や個人投資家から投資を募る方法もありますが，ここではVC（ベンチャーキャピタル）からの調達に話を絞って見ていきます。

　EquityはDebtとは異なり，どちらかというと会社よりも経営者本人，CEOを見られることが多いです。やはりEquityで投資をするという行為には，リターンがIPOなどキャピタルゲインとなることから，どこか夢を追うというようなメンタルがあります。スモールビジネスや安定的なビジネスの堅実な未来よりも，スタートアップのようなJカーブを掘るベンチャーの5年後10年後の未来に賭けるという動機が内包されるということです。とすると，会社というより，海のものとも山のものともつかない未来を実現しようとする経営者のポテンシャルや資質，あるいはツキといったものに賭ける要素が大きくなります。その意味で，Equity調達の前面に立つのはCEO。そしてCFOがそのサポートに回ると良いでしょう。

■ VCの種類

　Equity調達の場合もDebt調達の場合と同様に，企業の事業ステージによって調達依頼するVCが変わってきます。それぞれのステージ（投資家側からすると投資ラウンド）に適したVCがそれぞれあります。

まずシードステージ。企業の創業前，あるいは事業スタート前の時期に
あたりますが，扱おうとしている商品なりサービスなりに大きな可能性が
ありそうだと信じられる場合，あえてこの段階から出資するスタンスを取
るプレイヤーがいます。有名なプレイヤーには，独立系VCのインキュベ
イトファンドやサイバーエージェントの連結子会社であるCAベンチャー
ズなどがいます。

次のシリーズAステージ（事業がサービス・インし，順調に成長しはじ
める時期），およびシリーズBステージ（経営が軌道に乗り安定成長して
いく時期）は，企業のいわゆるバリュエーション（評価額）が5億円を超
えてくるような段階です。このステージを得意とするプレイヤーには，た
とえば日本を代表する独立系VCの一つであるGCP（グロービス・キャピ
タル・パートナーズ）や，IT系のスタートアップ投資に強い伊藤忠テクノ
ロジーベンチャーズなどがいます。比較的歴史のあるVCが多士済々の
エリアです。

そしてシリーズBステージ，およびシリーズCステージ（黒字が安定化

図52 VCの種類

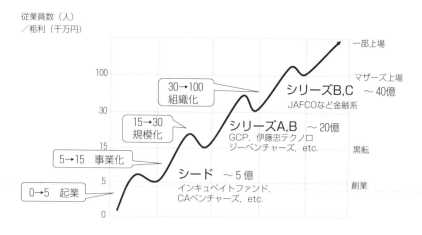

114

し，上場やM&Aなども見えてくる時期）は，バリュエーション（評価額）が20億円を超えてくるあたりですが，このステージになると伝統的な金融機関系，証券会社系のそうそうたるプレイヤーが手を挙げてきます。野村證券系列の日本最大のVC，ジャフコなどがその一例です。このあたりのVCは昨今少々成長資金がだぶついているような状況があり，ステージB，Cになかなか目ぼしい投資案件がないとなれば，その少し下のステージにも目をつけてくるでしょう。

　現在，こうしたVCが星の数ほど存在している状況で，各地で彼らとベンチャー企業をマッチングさせるためのイベントが開催され，毎日のように事業ピッチが行われています。一方，大企業も系列コーポレートVC等を通じてこうしたベンチャーと組み，積極的に新規事業に参入していこうとしています。活況を呈し続ける国内VC投資市場ですが，なかなか国内によい投資先が見つからず，海外に目を向けはじめたVCも多いようです。

　このように，国内には膨大な数のVCが存在し，それぞれ得意分野や好きな領域が違いますから，入念に下調べをして自社のビジネスに親和性のあるVCを選択し，適切なルートを見つけて担当者にコンタクトをとっていくとよいでしょう。

☐ VCに見られるポイント

　VCが出資を決める判断材料はそのVCによってまちまちで，特にこれだという決め手はないように思います。ただ，どんなVCも投資先企業に求めるのは「ホームランを打てるかどうか」です。結局のところEquity投資は乗るか反るかの世界。VCもファンドを組んで様々な会社に投資してはみるものの，IPOまでたどり着く会社はその中の1割とか，せいぜい2割です。その意味では，傾向として，「なかなかアウトにならない」タイプの打者よりも「一発当たるとでかい」タイプの打者が好まれるような気がします。

「ホームランを打てるかどうか」の見極めはなかなか難しいものですが，VCの担当者が判断の信頼できる根拠としているポイントが2つあります。一つに，投資しようとしている企業のいる業界が化けそうな業界かどうか。そしてもう一つに，経営者（含む経営チーム）がその業界で勝てそうな人材かどうか。

　たとえば，資格教育の業界から，今後大化けする会社は出てくるでしょうか。日本の人口はこれからどんどん減っていきますし，一人一人の教育にかけられるお金は既に上限に達している感があります。そう考えれば，今後その業界が国内でドラスティックに成長していく可能性はあまり高くないように思えます。それに比べて（一時期の勢いはいったん落ち着いていますが）スマホゲームの業界や，AIやロボットを扱う業界は，国内だけでなく国際的にもまだまだ発展の余地がありそうです。ホームランを打てる企業は基本的にはシュリンクしていく業界の中ではなく，伸びしろのある業界の中にしか存在し得ません。

　では，ある伸び盛りの業界に投資しようと考えた時にどの企業を選ぶか。実は一つの業界で大きく成功する企業は1社か2社，多くてせいぜい数社です。ウィナーテイクスオールの世界ということをよく知っているので，VC側はその業界で勝てそうな経営者を注意深く見極めようとします。

　この2つのポイント（業界の目利き，経営者の目利き）の中でより重要なのは，業界の目利きの方でしょう。極端な話，経営者の能力が多少プアでも，業界自体が伸びるフィールドであれば，売上などの数字は意外とついてきたりします。

■ VCからの調達交渉の流れ

　では，実際のVCからの調達交渉の進め方を見ていきましょう。

まず起業家サイドが事業計画書を作成し，投資家サイドに提出すること はやはり必要でしょう。創業前や創業間もない企業に投資することを好む VCもありますが，大方の投資家はやはりなにかしらの実績がないとなか なか出資を決めてくれません。一方，投資家は普段から次はどの業界に張 るべきか，その中でどのプレイヤーに張るべきかをよくリサーチしていま す。

　VCは，そんな起業家サイドと投資家側が顔合わせ（ミーティング）を してスタートしますが，通常VCには資金運用する際のパートナーがいて， まずはそのパートナーを相手にピッチすることが多いでしょう。しかし望 めば誰でもピッチできるというわけではなく，まずミーティングできるか， できたとしてもピッチさせてくれるかどうかの勝負から出資交渉がはじま ります。かなり厳しくふるいにかけられるので，ミーティングからピッチ まで行き着く確率は10％くらいではないでしょうか。無事にピッチにたど り着き，投資委員会の審査を通れば，晴れて出資が決定します。経験則上， 100社のうちピッチまでたどり着けるのが10社（10％）くらい，そのうち 審査を通過するのが3社（30％）くらいで，出資内定に行き着くのが2社 （70％）くらい。そんな確率ではないかと思います。

　この後の流れとして，　図53　ではデューデリジェンス（投資決定前に 行われる事業・財務・法務・人事等に関する様々な調査）を経て契約条件 交渉に入るフローになっていますが，こんなに綺麗に時系列で進んでいく

図53　VCからの調達交渉

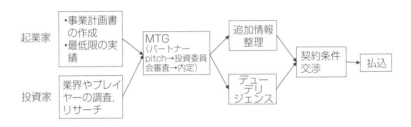

ことはむしろ少なく，実際にはミーティングの途中でデューデリジェンスが入ったり，契約条件交渉をしながらデューデリジェンスや追加情報を再度求められたり，行きつ戻りつしながら進行していきます。

　契約条件交渉の段階でもいくつかポイントがあります。

　まず入り口的なところで，優先株か普通株か。優先株とは投資家になんらかの権利を優先的に担保している株式ですが，それなりのバリュエーション（金額）で投資してもらう場合，普通株よりなにかしら配慮のある株式を求められる可能性が高くなります。特にシリーズAステージ以降では多い傾向があります。優先株に投資を受けると，普通株主総会だけでなく種類株の総会も開催しなければならないなど，付随して様々な業務が発生してきます。

　ある程度のシェアを投資してもらう場合やシードステージに投資してもらう場合，VC側が他にも様々な条件を追加してくることがあります。取締役指名権，特別決議事項に対する拒否権（通常66％以上の株式を持っていなければ拒否権は発動できない），優先分配権（M&A等で本来の出資額より低い金額で株式が売却される場合に経営者らに優先して財産分配される権利），さらには株式買取条項（IPOできなかった場合に経営者に株式を買い戻させる）など，提示される条件は様々です。「それじゃ投資じゃなくて貸付じゃないの？」と思うような条件もありますが，そうした個々の条件を認めるのか認めないのか，認める場合はどこまで認めるのか，それをどういう文言で契約書に落とし込むのかといった様々な交渉を経て，ようやく出資が着地します。

　こうして考えると，やはりそもそもVCは狭き門で，たとえ内定したとしてもそこからハードな契約条件交渉が待っています。もちろん入り口ではCEOが前面に立ち，CFOが数字面を整え進捗管理し，資料準備などもトータルに推進・管理していくのですが，契約条件交渉の段階になってく

ると，さらに高度に専門的な法律知識が必要になってきます。文言一つで
条件が大きく変わってきたりしますから，ベンチャー投資に強い弁護士を
リテインしなければクロージングまではなかなか行き着けないでしょう。

4-4

資本政策

■ 資本政策の定義とその必要性

　資本政策とは，誰がどういう比率でその企業の株式を保有するのかの方針を示すものです。資本政策は，IPOを考えているベンチャーでは，他者のEquityを受ける前に戦略的に決めておくべきものです。なぜなら資本政策はやり直しがきかないからです。もう少しわかりやすく説明しましょう。

　経営者が事業運営あるいは事業拡大のために資金が必要になり，VC等からEquity調達をした場合，当然創業者シェアが減ります。さらに調達を増やせば，さらに持分は減っていきます。これを繰り返していると，将来的にたとえば会社がIPOできるようになった時に，経営者側からするとあんなに頑張ってきたはずなのに実入りが全然少ないというようなことが起こりがちです。

　また，シェアに比例して経営権も限定されていきます。会社法上，たとえば取締役の選任には50％の，事業売却などの企業の重要な意思決定にあたる特別決議事項には66％の株主同意がそれぞれ必要ですが，経営者（創業者）がたとえば10％しか株式を保有していないと，自分の一存ではなにも決められない状態になってしまいます。途中で気がついてなんとかしようと思っても，もはややり直しはききません。では増資しようかと考えても，その頃には株価が高くなり過ぎていて，経営者が自分で買い取れなかったりします。

このように，たとえ今は資本政策など関係ないと思うような創業者シェアが100％のスモールビジネスであったとしても，20年後や30年後にやはり上場して社会に還元したいとか，事業承継の際に後継者がいないので上場したいとかいったニーズが出てくる可能性は残っています。その可能性が残っている限り，資本政策は一考しておくべきものでしょう。

■ 誰が資本政策を担当するのか

　資本政策は，基本的にファイナンスに強い人材にしか担当できない業務です。資本政策には外部投資家からの投資の可能性をあらかじめ想定しておくべきですが，その場合，基本的にExitまでのストーリーを織り込んでおく必要があります。投資家というものは，IPOにしろM&Aにしろ，基本的になんらかのExitを求めるものだからです。

図54 資本政策表

資金調達はバランスシートの左側（資産運用）があってこその右側の話ですから，運転資金が必要だとか設備投資が必要だとか，バランスシート左側の事業計画ありきです。やはりCFOが，左側の事業計画策定から右側の調達，そして将来のExitの可能性までも含めて，資本政策全体を整えていくべきでしょう。

第4章まとめ

資金調達は，前章のPL/CF改善と並んでCFOの主要業務。

....

資金調達は「できるときにする」のが鉄則。

....

様々な調達手法があるが，2大戦略は融資（Debt）と出資（Equity）。それぞれの調達手法にはメリットとデメリットがある。

....

投資家視点から見ると，Equityには元利金の支払いも返済期限もないのでDebtに比べて相対的に不確実性（リスク）が高い。倒産時もDebtに対し劣後で，優先保証されない。業績による変動をもろに受けるが，その分跳ねた時には大きなリターンがある（ハイリスク・ハイリターンの法則）。Debtは返済が保証されている分確実性が高いが，一定以上融資した企業が業績悪化で財務破綻するリスクは残る。業績が跳ねてもリターンは変わらない。

....

経営者の資金調達の視点から見ると，ハイリスク・ハイリターンの原則に基づき，Equityの株主期待収益率（＝株主資本コスト：rE）はDebtの融資利率（＝負債コストrD）よりも相対的に高くなる。すなわちEquityは資本コスト（資金調達コスト）が高くつき，Debtの方が資本コストを下げられる。Debtの資本コストが税引前に引き算できる一方，Equityに対する配当は税引後の利益から支払うため，DebtはEquityに比べて節税効果があると言える。Equityは，経営権のシェアを保有され経営に口出しされるリスクがある。

....

企業は実際にはDebtとEquityのいずれか一辺倒という形ではなく，両者を動的に組み合わせて資金調達を行う形が一般的。

資本コスト（資金調達コスト）は金融機関の融資利率（＝負債コスト：rD）と株主の期待収益率（＝株主資本コスト：rE）双方の影響を受ける。それをトータルしたものが加重平均資本コスト（WACC：Weighted Average Cost of Capital）。WACCは資金提供者による期待収益率，つまり金融機関の融資利率と株主の期待収益率を加重平均したものになり，以下の計算式で表される。

図55 加重平均資本コスト（WACC）の計算式

$$WACC = \frac{D}{(D+E)} \times rD \times (1-税率) + \frac{E}{(D+E)} \times rE$$

rD は利息，rE は株主期待利回り

Debtでは，経営者個人ではなく会社を見られる。業績よりも返済の確実性の方が重要。それゆえCFOがメイン担当になって調達コーディネートすることが可能。

Debtは事業ステージによってつきあう金融機関が変わる。シードステージでは公庫や信金（信用保証付）。アーリーステージでは地銀，信金，メガバンクなど。プロパー融資も増えてくる。レイターステージになるとメガバンクや地銀の方から借りてほしいと言われることも。取引行はメインバンク，サブバンクなど複数を併用し，融資条件を競わせるのがベター。単独取引のメリットはない。

融資決定の際に見られるポイントは①財務諸表，②資金使途，③返済原資，④担保保全。ポイントは，まず第一に「アウト（倒産）にならないこと」。その次に「ヒットが打てそうか」。

財務諸表が妥当なら，申し込む相手さえ間違えなければ，借入余力の範囲内で大抵は融資はOKになりやすい。

公庫の創業融資には３種類ある。①公庫の新創業融資制度（無担保・無保証／支店決裁限度額10M），②公庫の中小企業経営力強化資金（無担保・無保証／要認定機関／支店決裁限度額20M），③協調融資（①または②と制度融資＜信金による信用保証協会付き融資がベース，利息を自治体が補填するなどのメリットがある＞を組み合わせたもの）。限度額が大きく利率も低くて決裁も早く，専門家が入って改善できる余地もあるので，是非ともトライしたいのは②。

　Equityでは会社ではなく経営者個人を見られる。経営者の資質やポテンシャルを見て，その人に賭けるイメージ。CEOが前面に立ち，CFOはサポート側に回るのが一般的。

　2020年現在，国内には無数のVCが百花繚乱状態。それぞれの事業ステージ（シード期，シリーズA期，シリーズB，C期）にそのステージが得意だったり好んだりするVCがある。

　調達にあたって見られるポイントはVCにより千差万別。一貫して重視されるのは「ホームランを打てるかどうか」。そしてその可能性を裏付ける判断材料として，①化けそうな業界かどうか，②その業界のなかで勝てそうな経営者かどうか。

　Debt調達と異なり，VC調達は非常に狭き門。内定したとしてもそこからハードな契約条件交渉が待っている。ベンチャー投資に強い弁護士などの外部専門家をリテインすべき。

　資本政策は「誰がどういう比率でその企業の株式を保有するのか」を示す政策。資本政策はいったん外部から資本調達をはじめるとやり直しがきかないので，たとえスモールビジネスであっても，投資を受ける際は事前に将来にわたる資本政策を熟考してから判断すべき。

本章で資金調達はDebtとEquityをミックスという話が出ましたが，では企業価値を最大化するような最適資本構成はいったいどのように決めたらよいのでしょうか。

企業価値というのは，基本的にバランスシートの左側のビジネスの運営から発生する事業価値によって決まります。そしてバランスシートの右側にはビジネスを運営するための資金の源泉であるDebtやEquityによる資金が入ってくるわけですが，ここにDebtによる調達はEquityによる調達と違って節税効果が働くというプラスαの価値が付加されます。すなわち，理論上は負債比率が高いほど企業価値はプラスになります。

図56 負債比率と財務破綻リスク

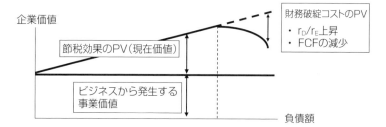

ところが実際には，負債比率が高まれば高まるほど赤字転落や債務不履行，最悪の場合は財務破綻（すなわち倒産）のリスクが高まります。また，そんなに高リスクならと，株主や債権者の要求するリターン（rEやrD）も上昇していきます（WACCの上昇）。同時に，仕入先や販売先との取引条件が悪化してコストが増加したり，運転

資本が増加（△WC）したり，あるいは弁護士費用・会計士費用などの財務コストが余分に発生したりするなどして，フリーキャッシュフロー（FCF）が減少します。

　残念ながら，最適資本構成を定量的に算出するモデルは存在しません。企業価値を上げていくにはこうした「節税効果」と「財務破綻リスク」にバランスよく配慮しながら，様々な定量的・定性的要素（収益性，FCFの分散・安定度，社債格付け等）に目配りしつつ，試行錯誤しながら企業毎に最適な資本構成を探っていくしかありません。

　企業価値を上げ続けなければならない大企業では，専門のスタッフを常駐させてこうした最適資本構成を常時考えていることもありますが，中小企業の場合，資本構成などは気にしてもいなかったり，あるいはそもそも資本の種類を選べないという事情があったりします。CFOとして社内外から企業の資金調達に関わる際には，こうした最適資本構成の観点も踏まえた上で，調達メニューをコーディネートするようにしてみてください。

第 5 章

その他の経営管理

　第5章では，その他の経営管理として，「ヒト管理（組織マネジメント，採用）」と「Exit（IPO，M&A）」について整理します。

CASE 5　美術系倉庫会社の社長引退

　F倉庫株式会社のF社長から相談を受けた。「70歳になる再来年に完全引退し，それからは世界の美術館を見て回りたい。自分でもまた絵を再開したいと思っている。ついては会社をどうしたらよいだろう。」

　F社長はF倉庫の2代目社長である。先代が，先祖代々所有してきた都心の広大な一等地を活用して倉庫業をスタート。地の利に恵まれたF倉庫は，高度経済成長の波に乗り，優良中堅企業として順調に成長してきた。

　そんな先代が急逝し，美大を出てアート業界で自由気ままに美術コーディネーターの仕事をしていたFが後を継ぐことになったのは今から30年ほど前のこと。最初は慣れないビジネスの世界に四苦八苦したものの，悩み抜いた末にFが「自分らしい経営」を追求しはじめた頃から，会社は順調に回りはじめた。Fは自社の倉庫が都心の非常に交通の便のよい場所にあり，敷地面積も非常に大きいという強みを生かして，「文化の保存」というコンセプトを打ち出したのである。そして温度や湿度にとことんこだわり抜いた大小様々の倉庫群を建設していった。
　最初は「そんなニーズがあるものか」「敷地をマンションや駐車場にして貸した方がよっぽど儲かるんじゃないか」などと散々に反対を受けたものの，バブル期以降の国内の美術館・博物館の劇的増加と社会の成熟による美術鑑賞人口の経常的増加により，業績はじりじりとアップ。今では倉庫業界で唯一無二の立ち位置を確保し，知る人ぞ知る志の高い優良企業として世間の尊敬を集めるようになっている。

　F社長には子供がいない。思い立ったらすぐ自分で行動するタイプで，長年ワンマンでやってきたので，社長の席を譲るならこいつだと思えるような部下も結局育たなかった。今更ながらF社長は焦っていた。

今まで考えたこともなかったが，このタイミングで上場して，会社を社会に還元していくのはどうだろうか。それとも自分の思いを正しく継いでくれるような第三者に会社を売れないものだろうか。目の前の土地活用に目を眩ませるようなタイプではなく，心から文化を愛し，文化を未来へ遺していくための保管技術について真剣に考えてくれるようなタイプの社長がいる会社に……。

　F社長は次第に脱線していく。「倉庫の立地自体が良いから，保管だけじゃなく，あそこでそのままアートイベントをやるのはどうだろうか。ラスベガスでやってるようなショーなんかも招聘したいよね。ファッションもいいよね。着物のすごいやつとかね，しっかり保管したいし見せていきたいよ。それからさ……。」

　私は思わず言った。「おやりになりたい仕事がまだそんなにあるなら，引退すべきではないです。上場したりM&AしたりするとF社長の発言権が薄れたりなくなったりします。社長がやりたいことをやる「場」はまだとっておいた方がよくないですか。」

　F社長は首を横に振った。「いや，私にはやはりもう時間がないんだ。それに今自分の代わりを育てないでどうする。今までワンマンで好きなことをやってきた罰だな……。この会社が自分の子供だと思ってきた。自分がもうすぐこの世からいなくなっても，この会社が未来に残っていくと思っていた。でも，自分の志を継いだ会社じゃないと残っても意味がなかったんだよな……。」

　F社長は困りきった表情を浮かべました。

5-1

中小ベンチャーのヒト管理（組織マネジメント，採用）

■ 組織マネジメントの全体像

　最終章では「その他の経営管理」として，章立てでカバーしきれなかった中小ベンチャーCFOのその他の業務（ヒト管理，Exit）を見ていきたいと思います。

　まずヒト管理のうち，第1章でも少し触れた組織マネジメント業務についてです。

　組織マネジメントの中心業務は本業，すなわち商品やサービスを作った

図57 組織マネジメントの全体像

組織特性の把握	方針とKPI設定	人材アサインメント
ドキュメントのテンプレート化，保存法統一	組織マネジメント	重要場面のマネジメント（キックオフなど）
会議体運営，ファシリテーション	1on1mtg	評価報償制度設計

り売ったりする業務になるので，基本的にはCOOがメイン担当者になります。しかしCOOが組織マネジメントなど特に体系的に学んだことがなかったりすると，特定のスタッフや特定の部署に個別対応しがちで，結果，部分最適になったり不公平感を生んだりすることがままあります。あるいはCOOが目の前の実務に追われて，全体のフレーム作りなどにはとても手が回らない状態だったりすることもよくあります。このような場合は，CFOがそうしたヒト管理の業務，特に全体のフレーム作りなどを積極的にサポートしていくとよいでしょう。CFOは立場も中立的ですし，組織の潤滑油的に動けるという長所も発揮できます。

□ 組織マネジメントのプロセス

組織マネジメントの目指すゴールは，「方針に沿ってスタッフが動く状態を経常的に作る」ことに尽きます。ここで「方針」というのはその会社の戦略のようなものをイメージしてください。戦略には全社戦略もあれば事業部ごとの戦略もありますが，いずれにせよ，その戦略（方針）に沿ってスタッフが自律的・自主的に戦術を考え，自ら具体的に動ける状態を経常的に作り上げること。もっと言えば，逐一説明しなくても通常業務はスタッフ自身の判断で滞りなく進み，管理職や経営陣は重要案件やスポット的なイレギュラー案件に注力できている，組織をそういう状態に経常的に保てることが組織マネジメントの目指すゴールです。

では，組織をそうしたゴールに導くためには，どんな組織マネジメントをすればよいのでしょうか。

まず最初にやるべきは，組織の特性をつかむことです。なかでも組織

■図58 組織マネジメントのプロセス

ミッションの特性とスタッフの特性を正確につかむことが大切です。たとえば営業部であれば売上やシェアの目標値などがあると思いますが，そうした個々の組織に課せられているミッションを一つ一つ把握したり。各組織を構成するスタッフ一人一人をバイネームで性格やスキルなどを含めて把握したりしていきます。

　それらが把握できたら，次は組織の方針を立てます。「方針」とは組織ミッションとスタッフをつなぐものです。「方針」はスタッフ一人一人がそれに従うことで自動的に組織ミッションが達成されるように立てられなければなりません。「方針」には個々人が個々の仕事をどのような時間軸でどういう方向へ進めていくべきかが示されます。

　方針を立てる際にはKPIを設定するとよいでしょう。「方針」は具体的に数値化された方が達成しやすいものです。全社レベル，部門レベル，部課レベルというふうに，各レベルに細分化してKPIを設定しましょう。

　KPIを設定したら，次はアサインメントを行います。誰にどの仕事を任せるかを具体的に決めて，適材適所を実現します。経験豊富な人にやらせる，あるいは敢えて初めての人にやらせるというふうに「テーマ」に着目してアサインする方法もあるでしょう。あるいは，企画，実行，管理，のように業務の「プロセス」に着目してアサインしていく方法もあるでしょう。この「誰に」「何を」の部分を考えるのが組織マネジメントの醍醐味です。

　アサインができ，スタッフ一人一人が自分のミッションを達成すべく業務に邁進しはじめた後は，随時重要場面をマネジメントしていきます。組織のキックオフやクォーターの締め，定例ミーティング，全社タスクや全社イベント，それ以外の業務上重要な判断が必要な局面などを，マネジメントサイドがどう運営しどう活用していくかが，組織ミッションの達成にとってとても重要になってきます。

■ 評価褒賞制度の設計，会議体運営，ドキュメンテーション

前項の現場マネジメント以外にも，組織マネジメントには工夫をこらせるポイントがいくつもあります。たとえば，評価褒賞制度の設計。どんな評価褒賞制度を設計すれば，スタッフ一人一人を高いモチベーションで組織目標の達成に駆り立てていけるのか。あるいは会議体の運営。どんな会議体を設計しどんな運営をすれば，組織効率が最大化するのか。あるいはドキュメンテーション。どんな情報がどんな形で整理され共有されれば，実務がスムーズに回っていくのか。

すべてが完璧に運営されている組織などはまずありません。CFOとして組織マネジメントに携わる際は，現場マネジメント以外のこうした細やかなポイントについてもあわせて検証し，改善や効率化に向けて有用な提言をしていくと喜ばれることでしょう。

■ 中小ベンチャーにおける採用

中小ベンチャーにおけるヒト管理業務のなかでもう一つ，採用について見ていきます。

採用は，中小ベンチャーにおいては非常に重要な課題です。売り手市場が継続中の現在，新卒でも中途でも良い人材にめぐりあうのはなかなか難しい状況が続いています。経営人材に限らず，現場のアルバイトなども含めて，人手不足は深刻です。中小ベンチャーは大企業のように企業名で人を募集できるわけではありませんから，企業や事業の魅力，今後の展望などを含めて経営陣が総出で全力でアピールして人を採りにいくようなイメージです。

「経営陣が総出で」と書きましたが，人材は，まずは会社やCEOその人の魅力に向かって集まってきます。CEOは前面に立って夢を語り，情熱

で人を魅了するでしょう。反面，CEOが会社や事業への思い込みが強すぎて圧を感じさせることも時にあります。そんな時はCFOが“太陽”に対する“月”の役割でバランスよくフォローするのがよいでしょう。

それ以外にもCFOは，次項で述べるような採用プロセス全体の管理・フォローも率先して行っていくとよいでしょう。

■ 採用のプロセス

採用のプロセスは，時系列でいくとまずは「採用戦略の作成」。何ができるどんな人を採りたいのかという採用要件のすり合わせを最初に行います。あわせて人材紹介会社を利用するのか，就職雑誌での公募なのかといった募集時の利用媒体を決めるなど，採用施策全体を立案していきます。一方「採用の戦術管理」ということで，いつまでに何人採用したいかといった採用のKPIを設定します。そしてそのKPIを週次や月次単位でレビューしながら，適宜戦術を修正していきます。

次のステップは「母集団の形成」です。より大きな母集団から選ぶ方がよりよい人材にめぐりあえる可能性が高まりますから，自社に興味を持ってくれる人の数（母集団）をできるだけ増やす努力をします。具体的な方法はいくつかあって，ごく一般的なのは就職・転職エージェントの活用です。エージェントごとに強みが異なるので，どんな人材がほしいかに応じて活用エージェントを決めましょう。あるいはダイレクト採用という手もあります。ヘッドハンティング型のスカウトエージェントを活用し，こちらからほしい人材に直接アプローチするのも有効でしょう。あるいは採用

図59　採用のプロセス

| 採用戦略作成・戦術管理 | 母集団形成 | 面接選考 | 内定フォロー，入社 |

メディアの立ち上げと運用。たとえば最近「ビジネスSNS」という打ち出しで人気を集めているWantedlyというソーシャルリクルーティングサービスがありますが，そうした採用メディアに募集記事を掲載してプロモーション展開していくと，ちょっと異なる人材に出会える可能性が広がるでしょう。どんな第三者機関を利用するにせよ，担当者との掲載条件や募集文章に関する打ち合わせ，応募者への対応といった様々な業務も付随して発生してきます。

　その次のステップは「面接選考」。実は面接はオペレーションが結構大変です。応募者と個別に連絡をとってスケジュールを調整するのはもちろんですが，面接時のチェックリストを作成したり，採用担当者のトレーニングを行ったりすることも必要ですし，SPIのような適性検査をするならその準備も必要でしょう。加えて面接の進行や記録管理もあれば，面接後のフォローもあります。こうした準備のすべてが整ったところではじめて実際の面接選考をスタートすべきです。

　そして最後のステップが「内定者フォロー，入社」となります。内定者フォローでは，内定通知書の発行をしておくと良いでしょう。内定の節目を飾るものであり，また，紙の通知書が届くとオフィシャル度が上がり，内定辞退が起きにくくなる効果もあります。人手不足の昨今，こうしたきめ細かな事後フォローは必須です。あとは入社手続きを済ませて完了となります。

　今一度担当企業の採用プロセス全体を見直した上で，足りていない部分があればあらかじめ整えてから実際の採用をスタートさせるとよいでしょう。

5-2

中小ベンチャーのExit
(IPO，M&A)

■ Exitの全体像

　Exitとは，ベンチャー企業や企業再生において創業者や投資家が株式売却により利益を得，投資資金を回収することを意味します。主なExitの方法に，IPO（新規上場）やM&Aによる第三者への売却（バイアウト）などがあります。

　ExitはCFOが担当しうる業務のなかでも特に醍醐味と面白みのある業務ではないでしょうか。ファイナンスや法律に関する非常に専門性の高いスキルが必要とされますので，高報酬になりうる業務でもあります。

図60 Exitの全体像

Exit戦略 (IPO，M&A，優良中堅)	IPO計画作成	監査法人，証券会社開拓
IR，ER	Exit	IPO対応内部体制構築
DD対応	候補先開拓	M&A計画作成

起業家なら誰しも，一度はIPOを考えたことがあるはずです。キャピタルゲインが得られそうだし，自分の会社を社会に還元していく意義のようなものを感じられそう……。しかし現実的にはIPOはきわめて狭き門です。日本国内の新規上場企業数は，年間100社もありません。Exitではもっと現実的に，M&Aで会社を売却したり，大企業の傘下に入って事業を伸ばしたりしていく企業が多いです。無理にExitせず，中小のままキラリと光る存在（優良中堅）でい続ける方向を選択する企業もあります。

☐ 創業者のExit

　創業者が起業して生まれた企業は，いつの日か必ずなんらかのExitを迎えます（　図61　）。

　創業した企業はとにもかくにもまず成長をはじめます。その成長はずっと安定的に続くわけではありません。もし急成長していくようであれば，一つの選択として①IPOを目指すのもありでしょう。安定成長が続くなら，そのままビジネスを継続するのが通常ですが，いったん区切りをつけて第

図61 創業者のExit

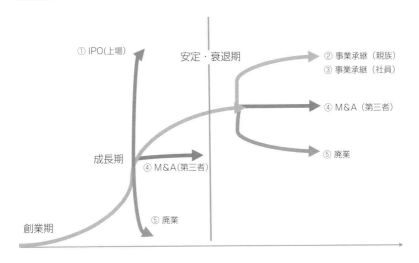

三者へ売却（④M&A）するのもありでしょう。思うように成長しなかったり，成長したとしてもリソース調達や配分がうまくいかなかったりすると，最悪の場合⑤清算・解散・法的処理へ進む可能性も十分にあります。

そして不安定な時期を無事に乗り越えられた企業も，どこかで将来的に事業承継（後継者問題）に直面することになります。伝統的な事業承継先は②親族でしたが，時代は変わり，親族が承継を望まないケースも増えています。その場合の事業承継先の選択肢は③社員になるでしょうが，社員に事業承継させる場合，株式を引き受けるためのまとまった資金や個人保証が必要になる点がハードルとなることがあります。そこで最近増加しているのが④M&A，第三者への売却です。身内でなくともより専門性ややる気のある人が引き継いでくれれば有難いし，売却時に創業者利益が入ってくるメリットもあるからです。ところがこうした承継先がうまく見つからない場合，たとえ事業が黒字であっても⑤廃業となることがあります。

②親族，③社員に後継者がいなければ，選択肢は，④M&Aか①IPOか⑤廃業。このように，創業した企業はいつか必ずなんらかの形でExitしていきます。

■ IPOのプロセス

では実際に担当企業がIPOするとなった場合，どんな業務が発生するでしょうか。具体的プロセスを 図62 としてまとめてあります。図の横軸が時間軸で，各項目をいつまでに整えなければならないかを示しています。

IPOは，最低3年はかかる非常に長期的な業務です。横軸の右端を「n期」としていますが，これは「申請期」，すなわち上場審査を申請する決算期を意味しています。遡る形で右から直前期（n-1期），直前々期（n-2期），直前々々期（n-3期）と並んでいますが，このように最低3年の上場準備期間が必要です。そもそも上場に必要とされる制度や規定集は1

年ではとても揃えられませんし，審査の要件となる各種データも少なくとも2年以上分が必要です。

　図の縦軸には，社内で整えなければならない事項を一覧化しています。

　Ⅰの経営企画関係で最重要視されるものは，経営計画の数字です。このところ上場時の初値を上回れない「上場ゴール」状態の企業が市場に蔓延し，上場前からわかっていたのではないかと問題になることがあるのですが，そうしたことを防ぐためにも中長期的にどう数字が推移しているかを入念にチェックされます。

　それ以外で伝統的に重要視されるものが，Ⅱの経理関係。上場以降は誰でも株式を取得できるようになるので，それに対応できるよう経理がきちんと機能しているか。つまり会計方針や経理業務，開示業務が整備されているか，あるいは月次，四半期，年次といった決算がきちんとできているかなどの点が見られます。

　Ⅲの人事・総務関係では，たとえば就業規則など各種規程が整備されて

図62　IPOのプロセスの例

	担当	2019/9期(n-3期)下期	2020/9期(n-2期)上期	2020/9期(n-2期)下期	2021/9期(n-1期)上期	2021/9期(n-1期)下期	2022/9期(n期)上期	2022/9期(n期)下期
Ⅰ　経営企画関係								
1　組織体制の整備		整備				運用・改善	完全運用	
2　中長期経営計画				整備		運用・改善	完全運用	
3　予算制度		整備	運用・改善			運用・改善	完全運用	
4　内部統制制度（J-SOX）				整備		運用・改善	完全運用	
Ⅱ　経理関係								
1　会計方針決定		整備						
2　経理業務の標準化		整備	運用・改善			運用・改善	完全運用	
3　開示業務の標準化			整備	運用・改善		運用・改善	完全運用	
4　月次・四半期・年度決算		整備		運用・改善		運用・改善	完全運用	
Ⅲ　人事・総務関係								
1　各種規程の整備		整備				運用・改善	完全運用	
2　証憑・書類・議事録の整備		整備	運用・改善			運用・改善	完全運用	
3　労務管理体制			整備	運用・改善		運用・改善	完全運用	
Ⅳ　内部監査関係								
1　内部監査体制の構築				整備		運用・改善	完全運用	
2　内部監査ツールの整備				整備		運用・改善	完全運用	
Ⅴ　上場申請書類関係								
1　Ⅰの部					作成	更新		
2　各種説明資料（Ⅱの部）					作成	更新		
3　審査対応						証券審査	東証審査　★	

いるか，証憑・書類・議事録等の書類まわりが整備されているか，未払い残業代など労務管理に問題がないかがチェックされます。

Ⅳの内部監査関係では，社内ガバナンスがきちんとなされているか，具体的には内部監査体制や監査ツールが整備されているかがチェックされます。

そしてⅤの上場申請書類関係として，上場に必要な大量のドキュメントをひたすら作成していきます。それができたらようやく実際の上場審査対応に移り，証券会社などとの具体的やり取りがスタートします。

一連のIPOプロセスのなかでCFOに期待される役割は，上場準備全体の段取りやコーディネイト，進捗管理でしょう。一部の必要書類の作成も任される可能性が高そうです。ただしIPOは知識や経験がものをいう特殊業務ということもあり，上場請負人的な専門家に任せる手もあります。膨大な書類作成業務も発生してきますので，社内外のスタッフが力をあわせて進めていくことが必要です。

■ M&Aのフレーム

Exitのもう一つの代表的な手法であるM&Aにも様々なフレームがあります。

メジャーなスキームには株式譲渡，事業譲渡があります。それに類するスキームもいくつかあって，たとえば資本提携や業務提携，あるいは人材獲得のために会社ごと買いとるようなケースもM&A的です。共同でジョイントベンチャーを設立したり，株式持ち合いしたりするケースも一種のM&Aと呼べるのではないでしょうか。

■ M&Aのプロセス

M&Aのプロセスは 図63 にあるように，①ソーシング，②マッチング，③独占交渉／DD，④クロージング／PMIという4ステップから形成されます。

①のソーシングは，M&Aの買い手と売り手を見つけてきて土俵に上がらせる段階。②のマッチングは，実際の買い手と売り手についているエージェント（仲介者）どうしを引き合わせる段階です。この段階ではまだ別候補や別の組み合わせの可能性が複数残っています。そしてある程度お互いのことがわかってきたら③独占交渉／DD。この段階では，候補は一社に絞られています。最後に金額や付帯条件が折り合ったところで④クロージングとなり，対価が支払われます。ちなみにその後にある「PMI」とは，ポスト・マージャー・インテグレーション。買収後の売り手と買い手の実際の統合作業を意味します。こうして見ると，M&Aはお見合い結婚によく似ています。

図63　M&Aのプロセス

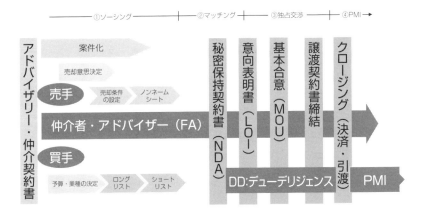

■ M&Aの実務

では実務としてのM&Aは誰がどのように進めるのでしょうか。

①のソーシングを行うのは，大抵はM&Aアドバイザリーなどのエージェント（仲介者）です。売り手と買い手のトップどうしで直接まとめることもできないことはないのですが，扱うものがお金から契約書，従業員までと幅広いので，間違いや遺漏がないようにするにはやはり専門家が間に入るのがスムーズです。売買時の金額交渉もトップどうしで直接やるより誰かが間に立った方が往々にしてスムーズでしょう。

エージェント（仲介者）は，売り手企業を案件化します。ノンネームシートと呼ばれる企業名を伏せた売り出しのための資料を作成し，他の仲介者たちに閲覧させます。一方，買い手企業も社内担当者か外部エージェント（仲介者）を使ってロングリストを作っています。うまく②マッチングできた場合，ここから先は買い手も売り手の名前や詳細な属性を知らないと話が進まないので，秘密保持契約を結んだ上でさらに情報収集を進めます。そしていよいよ買い手企業が売り手企業を買う方向で腹を決めると③独占交渉の段階に入りますが，まず意向表明書（Letter of Intent）という法的拘束力のない書類を交わし，さらに話が進めば基本合意書（Memorandum of Understanding）を交わし，最後に譲渡契約書が結ばれて④クロージングとなります。クロージングまでの間にデューデリジェンスといって様々な調査がなされます。財務管理的に粉飾などを隠匿していないか，法律的にまずい契約を結んでないか，簿外債務がないかといった様々なところまで細かく調査が入ってきます。

②マッチングはM&A仲介会社（日本M&Aセンターが最大手）の内部で行われることもあれば，プロ同士の相対市場で直接やり取りされることもあれば，eマーケットプレイスなどのインターネット上のクローズドな環境で互いに情報開示しあって進められることもあります。

■ M&Aにおける企業価値評価方法

　M&Aの際には，売り手企業の企業価値を正当に評価する必要が出てきます。企業価値の評価方法には次のようなものがあります。

　売り手が上場企業の場合，当該企業の様々な数字データは既に市場に公表されています。決算書も整備されていますし，事業も比較的安定していると思われるので，企業価値はDCF法（Discount Cash Flow法）を使って企業の将来の見込み収益（将来収益CF）を現在価値に割り戻した値で評価します（インカムアプローチ）。将来を織り込んでM&Aする買い手にとって合理的な評価方法ですが，計算が複雑で恣意性が生まれやすい側面があります。

　一方，売り手が非上場の中小企業などで，そこまできちんとした数字は揃っておらず，事業もそれほどは安定していない場合は，企業価値を簿価ではなく時価純資産ベースで算出するコストアプローチを使うことが多いでしょう。わかりやすく一定の客観性のある評価方法ですが，純資産として数字化されないのれん代（営業権）などの無形の価値や将来の価値が織り込めないという側面があります。

図64　M&Aにおける企業価値評価方法

評価アプローチ	コストアプローチ	マーケットアプローチ	インカムアプローチ
考え方	純資産価額をベース	類似の上場企業株価をベース	将来収益CFをベース
評価方法	時価純資産法	マルチプル法（類似会社比較）	DCF法
視点	過去	将来	将来
長所	わかりやすい一定の客観性	マーケットの評価を反映，簡便	将来を織り込む買い手に合理的
短所	無形の価値や将来を織り込まず	比較対象選定が難しい	恣意性あり複雑

同じ非上場でも中小ベンチャーなどの場合は，上場済の他の類似企業の数字を織り込んだマルチプル法で企業価値を計算することがあります（マーケットアプローチ）。こちらも比較的簡便で，現在のマーケット状況なども反映させた評価ができますが，意外に比較対象できる類似企業の選定が難しいという側面があります。

　いずれにせよ，３つのアプローチの唯一無二にどれが優れているかというものではありません。企業価値評価や資金調達時には複数のアプローチを併用して価値算定をすることが多いです。

5-3

中小ベンチャーのターンアラウンド （再生，承継）

■ 事業再生・承継のプロセス

　最後にもう一つ，企業経営の究極の局面である事業再生・承継について見てみましょう。事業再生・承継は日常的に発生する案件ではありませんが，担当企業がそういう状況になる，あるいはその事態に陥った企業から急な依頼があるといった場合に備えて一通りの知識を持ち，心構えはしておくべきです。なぜなら，本来的に中小ベンチャーは危ない橋も渡りながら多少の背伸びをしつつ成長していく事業形態で，思わぬところで落とし穴に落ちる可能性を常に秘めているからです。成長と再生は常に表裏一体

図65 事業再生・承継の手順

現状把握・窮境原因把握	事業再生・承継計画作成	関係者合意取り付け
クロージング	事業再生・承継	B/S再生，P/L再生
資産承継	経営承継	法的処理

です。

　実際の事業再生・承継は，およそ 図65 のようなプロセスで進められます。

　まずは現状把握。再生の場合は窮境に陥った原因をしっかりと把握します。その次が事業再生／承継計画の作成。再生の場合は，具体的にどうやって企業を立ち直らせるかについて，ここで取り潰すべきかという選択肢も含めて話し合います。承継の場合は，経営を後継者にどう引き継いでいくかのプラン，オーナーなどの株式など資産の承継のプランを練ります。そしてプランができたら，関係者の合意取り付け。金融機関や投資家，取引先や従業員など，合意を取り付けなければならない関係者はたくさんいます。必要な合意が取れたところで，計画実行。再生の場合は，B/SやP/Lの再生に尽力し，必要な法的処理をします。承継の場合は，経営や資産の具体的承継と進み，最後にそれをクロージングしていきます。

■ 事業再生のフレーム

　事業再生というのは，センシティブでタフな経営における究極の場面です。自分たちだけでどうにかできるケースはあまりなく，専門家のサポートは必須でしょう。再生が必要な局面では社内にお金が残っていないケースもままあるかと思いますので，公的スキームを使うなどの手法も検討すべきでしょう。

　これを踏まえて，事業再生のパターンを 図66 に一覧化しました。

　まずは「清算型」。当該企業をクローズさせてしまうパターンです。わかりやすいのは「破産」でしょう。裁判所が選任した破産管財人が企業の残余財産を換価処分し，それを債権者でシェアします。しかし破産するくらいなので，残余財産はほとんどないことが多いでしょう。その次の「特

別清算」は破産と似ていますが，こちらは清算中の株式会社しか適用対象になりません。ちなみに「破産」は破産管財人が「破産法」に基づいて行いますが，「特別清算」は特別清算人が「会社法」に基づいて行います。大きな違いとしては，「破産」が裁判所と破産管財人の判断で進められる一方，「特別清算」は債権者の一定数以上の合意が必要になります。この合意がなかなか取りづらい側面があるということは覚えておくとよいでしょう。もう一つ挙げた「任意整理」は，裁判所での手続きを経ないで関係各所と合意を進めていくやり方ですが，先の２つと異なり法的強制力がないため後々問題が発生する可能性は残ります。とはいえ法的整理は少々ハードランディングな手法ではあるので，関係者が限定されているなら皆が納得しながら任意整理していくこのパターンをとることが実際には多いと思います。

「再建型」は，企業を終了させず，継続させていく方向の手続きです。一つ目の「会社更生」が適用されるのは大企業だけです。大企業は倒産した時の社会的インパクトが非常に大きいため，再建に向かわせるための強力な枠組みが法律（会社更生法）で整えられています。これを申請すると

図66 事業再生のパターン

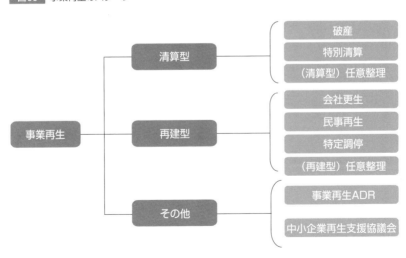

経営者や役員は財産権や経営権等のすべての権限を失いますが，そのかわり担保権者が担保権を実行できない（優先弁済を受けられない）などといった措置が細かく整備されています。「会社更生」が大企業を対象としているのに対し，「民事再生」の対象は中小企業がほとんどです。個人の民事再生もあります。「会社更生」との大きな違いは，手続き申請後も経営者が退任せずにそのまま経営を舵取りしていけることです。状態としてはご破算なので，いったんこれまでのことはなかったことにできた上で，経営自体は続けることができる。それゆえ使い勝手のいい再建の形とも言えます。その次の「特定調停」は費用的理由などで専門家への依頼が難しい債務者のために作られた枠組みで，簡易裁判所の仲介により債権者と債務者が話し合いを行うという，もっとも安価で済む方法です。「任意整理」も同様に話し合いをベースとするやり方ですが，こちらは弁護士や司法書士を債務者の代理人として立てる必要があります。

　最後に「その他」として，法的整理ではないが，公的機関が間に入って債権者と債務者の話し合いを仲立ちしていく制度をいくつか紹介しています。一つ目が「事業再生ADR」。ADRとはAlternative Dispute Resolution,裁判外紛争解決手続の略です。法的手続に頼らず当事者間の話し合いで解決を図る手続きで，経済産業大臣の認定を受けた中立的な第三者機関のADR事業者が解決の推進者となります。これを使いこなせるとかなり安上がりで，手っ取り早いかもしれません。

■ 中小企業再生支援協議会

　図66 ラストの「中小企業再生支援協議会」というのは，中小企業むけの地域総合病院をイメージしてください。これは，事業整理直前の状態にあるけれど，手元にお金が残っておらず専門家が雇えないといった状況に喘ぐ中小企業を支援するための公的枠組みです。「中小企業再生支援協議会」は，中小企業再生業務を担う者として認定を受けた商工会議所などの認定支援機関を受託機関として，国内47都道府県に設置されています。

「中小企業再生支援協議会」では，「第一次対応」として専門家によるア
ドバイザリー業務を行っています。協議会には事業再生に関する知識と経
験を有する専門家（金融機関出身者，公認会計士，税理士，弁理士，中小
企業診断士等）が統括責任者（プロジェクトマネージャー）あるいは統括
責任者補佐（サブマネージャー）として常駐しています。

図67 中小企業再生支援協議会の支援の流れ

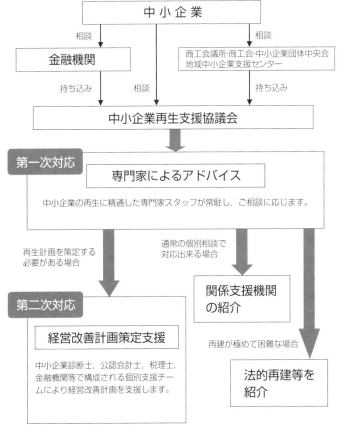

出所：経済産業省　東北経済産業局のHPより

ある中小企業が窮境に陥った際，企業が直接協議会に支援を申し込むことは稀です。大抵は金融機関や商工会議所を通じて協議会に案件が持ち込まれます。実際には金融機関からの持ち込みが多いようです。経営者というのはなかなか自分ではギブアップしたがらないもので，状況を冷静に判断した金融機関が経営者の背中を押して持ち込むようなケースが多いのではないでしょうか。

　「第一次対応」では，常駐している専門スタッフによるヒアリング（実体把握）と実際のアドバイスが行われます。さらに詳しく専門的なアドバイスが必要と思われる場合で，通常の個別相談の範囲で済みそうなら，支援施策や支援機関を紹介します。残念ながら再建が極めて困難と判断されるなら，弁護士など法的再建のプロなどを紹介します。

　「第一次対応」後，関係者の同意も取り付け，実際に再生計画を策定して再生していくとなった場合，「第二次対応」として「経営改善計画策定支援」という制度があります。これは中小企業診断士，公認会計士，税理士，金融機関等から構成される個別支援チームによる公的支援ですが，補助スキームとして費用的な支援があります。改善計画の策定とその後3年の間にかかったフォロー費用のうちの3分の2が補助される仕組みで，俗に「405事業」と呼ばれるものです。たとえば専門家に300万円を支払った場合，協議会が200万円を補助してくれて，企業側の自己負担は100万円で済みます。

　この支援協議会は全国的によく活用されていて，2003年から順次設置されはじめて10年以上経過した2016年の時点で3万7,000件の相談を受け付け，そのうち1万件が支援終了となっています。

第5章まとめ

　中小ベンチャーCFOが担当しうる「その他の経営管理」として、ヒト管理（組織マネジメント、採用）とExit（IPO、M&A）がある。

....

　組織マネジメントの中心業務は本業（商品やサービスを作ったり売ったりする業務）になるのでCOOがメイン担当。ただしCFOが一部代替orサポートすることにより、全体を中立的に管理できたり基礎的フレームを整えられたり組織の潤滑油的に動けたりするなどのメリットを出しうる。

....

　組織マネジメントのゴールは「方針に沿ってスタッフが動く状態を経常的に作る」こと。すなわち、その方針に沿ってスタッフが自律的・自主的に戦術を考え、自ら具体的に動ける状態を経常的に作り上げること。そのプロセスは、まず組織の特性をつかみ、組織の方針とKPIを設定し、アサインメントを行って、実際に重要場面をマネジメントしていくという流れ。

....

　人手不足が深刻な昨今、採用は中小（ベンチャー）企業における重要な課題。大企業のように企業名で募集できるわけではないため、企業自体や業務の魅力、今後の展望などを含めて経営陣が総出で全力でアピールして人を採りにいくイメージ。企業の顔であるCEOが前面に立ち、CFOがバランスよくフォロー。あわせてCFOが採用プロセス全体の管理・フォローもしていくとよい。

....

　採用のプロセスは、時系列で、「採用戦略の作成・採用の戦術管理」→「母集団の形成」→「面接選考」→「内定者フォロー、入社」。担当企業の採用プロセス全体を最初に見直した上で、足りていない部分をあらかじめ整えてから実際の採用をスタートさせるとよい。

....

　Exitとは、ベンチャー企業や企業再生において創業者や投資家が株式売却により利益を得、投資資金を回収すること。主なExitの方法にIPO（新規上場）やM&Aによる第三者への売却（バイアウト）がある。

ExitはCFOが担当しうる業務のなかでも特に醍醐味と面白みのある業務。ファイナンスや法律に関する非常に専門性の高いスキルを必要とするので，高報酬にもなりうる。

Exitのうち，起業家なら誰しも一度はIPOを考えたことがあるもの。しかし実際のIPOはきわめて狭き門。もっと現実的にM&Aで会社を売却したり，大企業の傘下に入って事業を伸ばしたりしていくことが多い。無理にExitせず，中小のままキラリと光る存在（優良中堅）でい続けるという選択肢もある。

創業者が起業して生まれた企業は，いつの日か必ずなんらかのExitを迎える。その場合，親族，社員に後継者がいなければ，選択肢は，M&AかIPOか廃業，となる。

IPOは最低3年はかかる非常に長期的な業務。一連のプロセスのなかで，経営企画，経理，人事・総務，内部監査，そして上場申請などに関する膨大な資料を整え，あるいは制度そのものを整備しなければならない。CFOに期待される役割はそうした諸準備の段取りやコーディネイト，進捗管理。あるいは実際の資料制作や制度整備。知識や経験がものをいう特殊な世界であり工数もかかるので，外部専門家に任せる手もある。作業は膨大になるので社内外のスタッフが力をあわせて取り組む必要がある。

M&Aには様々なフレームがある。メジャーなスキームである株式譲渡，事業譲渡以外にも，資本提携や業務提携，ジョイントベンチャー，株式持ち合い，あるいは人材獲得のための企業買収など，様々な類似スキームがある。

実際のM&Aの実務プロセスは，①ソーシング，②マッチング，③独占交渉／DD，④クロージング／PMIの4ステップ。ソーシングはM&Aアドバイザリーなどのエージェント（仲介者）が行うことがほとんどで，マッチングはM&A仲介会社の内部や相対市場での直接やり取り，インターネット上のクローズド環境など様々な場所で行われる。

M&A時には企業価値を正当に評価する必要が出てくる。売り手が上場企業の場合はDCF法により企業の将来の見込み収益（将来収益CF）を現在価値に割り戻した値で評価するインカムアプローチ，売り手が非上場の中小企業の場合は時価純資産ベースで算出するコストアプローチ，同じ非上場でも中小ベンチャーの場合は上場済の他の類似企業の数字を織り込んだマルチプル法で算出するマーケットアプローチが一般的。

　事業再生・承継は企業の究極の局面。日常的に発生する案件ではないが，もともと不確実性のある中小ベンチャーのCFOは，一通りの知識を持って常に心構えをしておくべき。

　事業再生・承継の業務プロセスとしては，現状把握・窮境原因の把握→再生・承継計画作成→関係者合意の取り付け→計画遂行→（再生の場合は）B/S，P/L再生→法的処理，（承継の場合は）経営・資産承継→クロージング。

　事業再生は自分たちだけでどうにかできる場合はほとんどなく，専門家のサポートがやはり必要。この局面では社内にお金が残っていないことも多く，公的スキームを使うなどの手法もあわせて検討すべき。

　事業再生には様々なパターンがある。まず企業を終了させる「清算型」。具体的には「破産」「特別清算」「任意整理」などがある。次に企業を終了させずに継続させていく方向の手続きである「再建型」。具体的には「会社更生」「民事再生」「特定調停」「任意整理」などがある。その他の手法として，法的整理ではないが公的機関が間に入って債権者と債務者の仲立ちをしていく制度がいくつかあり，これには「事業再生ADR」「中小企業再生支援協議会」などがある。

「中小企業再生支援協議会」はいわば中小企業むけの地域総合病院。「中小企業再生支援協議会」は中小企業再生業務を行うものとして認定を受けた商工会議所などの認定支援機関を受託機関として，国内47都道府県の同機関内に設置されている。専門家による様々なアドバイザリー業務のほか，補助スキームとして費用的な支援（経営改善計画の策定とその後3年の間にかかったフォロー費用のうちの3分の2が補助されるというもの）もある。

　皆さんにも覚えがあると思うのですが，世の中には出たくない会議がたくさんあります。何のための会議なのか目的がわからない，限られた人間の独壇場になっている，逆に誰一人発言せず盛り上がらない，レジュメを読めばわかる内容をひたすら聞かされるだけ。あるいは議論があちこち飛んだり，噛み合わずに迷走したり，だらだらと結論がなかったり，結論の出し方が強引だったり……。

　良い会議とは，プロセス（議論の過程と意思決定のなされ方）に納得感があり，目的（なんらかの意思決定がなされ，決定事項に基づいて会議メンバーが具体的に行動に移ることができる）が達成される会議です。良い会議の場では，より多くの人の知恵を借りてより良い結論が生まれ，納得感と責任感を持ってその後その結論を実行していくことができます。短い時間でベストの結論とコミットメントを得られるのが良い会議です。

　会議が「良い会議」にならない場合，議論する内容（議題や情報）やプロセス（進行や議論の手法，メンバーへの働きかけ，その場の雰囲気）などに問題があることが多いです。ここに会議を生産的・効率的に進めるためのファシリテーションというサポート技術が必要になってきます。

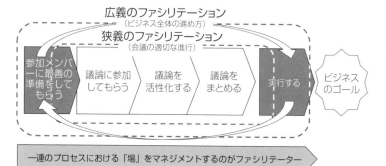

図68　ファシリテーションのプロセス

広義のファシリテーション
（ビジネス全体の進め方）

狭義のファシリテーション
（会議の適切な進行）

参加メンバーに最善の準備をしてもらう　議論に参加してもらう　議論を活性化する　議論をまとめる　実行する　ビジネスのゴール

一連のプロセスにおける「場」をマネジメントするのがファシリテーター

　狭義のファシリテーションは，純粋に会議を円滑に進行するサポート技術です。まず参加者にその会議なり議論なりにきちんと参加してもらうこと，そして参加者の議論を活性化させ，最後に議論をまとめるところまでをフォローします。

　しかし，ビジネス全体としては，会議で結論を出すことがゴールではありません。その後に実行してもらうことが重要です。また，いきなりその場で議論させるよりも会議前に最善の事前準備をしてきてもらう方が議論は活発化するものです。こうした事前準備から会議後の実行までをも含めた全体をサポートするのが広義のファシリテーションになります。

　この一連のファシリテーションの「場」をマネジメントするのがファシリテーターです。ファシリテーターの役割は「会社のビジネス上のゴール（成果創出）に向かって関係者間の議論を通じて最善のプランと最善の実行体制を作るプロセスをマネジメントすること」と言えます。ファシリテーターは，会議（議論）の参加メンバーからより良い結論を生み出すための知恵（頭）を引き出し，さらには出てきた結論を行動に移していくための力（気持ちと体）を引き出さなければなりません。そのために，参加メンバーが知恵を

出しやすい健全かつ建設的な「場」を作り上げると同時に，参加メンバーが行き着いた結論に自発的・自律的にコミットしていく「場」を作り上げることが大切です。

　CFOとして会議に参加する場合，是非このファシリテーターとしての機能も発揮してみましょう。

おわりに

いかがでしたでしょうか。おそらく皆さんは，CFOという立場でできる業務の幅広さに驚かれたのではないでしょうか。

冒頭の「はじめに」のところにも書きましたが，皆さんが目指すべきは，単なる経理財務や管理のスペシャリストやアドバイザーにとどまらない，担当企業の最高経営相談役たりうる「攻めのCFO」です。すなわち「経営参謀としてストラテジー（経営企画）に起点を置きつつ，バックオフィスの全部門を所掌。成長戦略をナビゲートしつつ，経営効率（生産性）を上げて企業価値を向上させる原動力たる存在」です。

是非ともこの本で得た知識やノウハウを糧に，ご自身のCFOとしてのスキルに磨きをかけて，経営者や経営陣，従業員の皆さんとともに会社の成長に大きく貢献していただきたいと思います。

私はこの本を，今はどこの企業のCFO職にもついていないが十分にそのスキルを持つ方々，特に士業の方々に読んでいただきたいと思っています。

私はこれまで，10社強の中小ベンチャーで，社外プロCFO（パートナーCFO®）を担当してきました。私はこの社外CFO職を，これまでの金融，MBA教育，映画・音楽等コンテンツビジネスなどでの就業経験，Ed-Techベンチャー企業での経営経験，2016年に取得した中小企業診断士資格といった私のビジネススキルと知識を総合的に活かせる，非常に有意義でやりがいのあるものと考えています。

当然ですが，ここにたどり着くまでには回り道がありました。中小企業診断士の資格の取得直後，その資格を活かしてよりビジネスの可能性が広

がるかと思ったのですが，あまり変化がありませんでした。よく言われたのが，「中小企業診断士」にどんな仕事を依頼すればいいのかあまりイメージがわかないということでした。

「中小企業診断士」は，昭和38年に制定された「中小企業支援法」に基づいて中小企業の経営者を適切にサポートしていくために，一定レベル以上のスキルを持つ専門家を一定数以上育成しておく目的で国が作った資格です。それゆえ現在も中小企業診断士にはどこか公的なイメージがつきまといます。多くの経営者にとって中小企業診断士は，中小企業庁や商工会議所から派遣されてくる専門家，あるいは窓口で経営相談に乗ってくれる専門家といった準公務員的なイメージが強いでしょう。そしてそうした相談サービスは国や市区町村が相談料を補助していることが多いため，診断士による経営相談は無料か廉価というイメージが強いでしょう。

こうした公的な仕事は，有資格者にとってみれば確かに安定感はあります。しかし案件が廉価で補助的な相談ばかりになってくると，仕事の質や相談料の相場に物足りなさを感じることが増えてきます。選択肢として，そうした公的な仕事の中でより高単価の案件を取っていく方法はあります。たとえば公的資金の申請代行などは比較的高単価になることが多い業務です。しかし，それは経営本丸の仕事とは言い難いものです。

私は，従来の「中小企業診断士」という枠にとらわれたまま，誠実だけれど受け身で型通りのコンサルティングを繰り返していても自分の理想の仕事にはたどりつけないと思い至りました。それから試行錯誤を重ねてたどり着いたのが「パートナーCFO®」という私にとっての理想的なビジネス参加の形です。それは官製の「中小企業診断士」という枠からクライアント・ニーズの「パートナーCFO®」という枠へのパラダイム・シフト，「旧・士業」から「超・士業」へのパラダイム・シフトでした。

「パートナーCFO®」のクライアントは中小ベンチャー企業の経営者本

人です。彼らの真のニーズは事務作業の手助けではありません。必要なのは，経営の良き相談相手です。「パートナーCFO®」のコンサルティングは労働集約型の発注業務ではなく，クライアント・ニーズに即したクリエイティブな仕事ですから，ギャランティーに既存の相場はありません。経営者が効果に応じて直接設定してくれます。もし，コンサルティングの結果によってクライアントの経営改善や成長に一役買ったという実感が得られれば，「パートナーCFO®」は志やプライドの部分を深く満たすことができます。「パートナーCFO®」がクライアントにとって必要不可欠な存在になればなるほど，仕事に生活に心にゆとりが生まれてきます。できたゆとりで，仕事をさらに増やすことも私生活を充実させることも更なるインプットに勤しむこともできます。この好循環を，私も身をもって体験しました。

　皆さんのなかにも，難関試験を突破し，公認会計士や税理士，中小企業診断士等の「士業」資格を取得済みの方がたくさんいらっしゃるでしょう。私も「パートナーCFO®」として日常的に多くの士業種の先生方と直接話をする機会があります。そして，そうした先生方のなかに，自分の理想とする仕事のあり方と自分に求められる業務のギャップに悩んでいる方を見かけることがあります。クライアント企業では「先生」と呼ばれつつ，実際には税計算などの事務作業の専門家と見なされていて，経営などは蚊帳の外。法律や規定に即した事務作業がほとんどのため，同業他社との差別化が図りにくく，単価は下方硬直的。単価が上がらないため案件を増やさざるを得ず，仕事量は増える一方。そんな業務実態が聞こえてきたりもします。

　おそらく皆さんは，これまで「インプット」してきた高度な専門知識を日々の糧としながら，自分のスキルをより広くより実践的に「アウトプット」していく別のステージを探すヒントがないかと，この本を手にとられたのではないでしょうか。クライアントの経営により積極的にコミットしていきたい，自分自身も企業経営をしてみたい，将来的にはなにか日本経

済や世界経済に貢献できるような仕事をしたい。そういう高い志をお持ちの皆さんに向けて，自分の経験を踏まえ，あらたな職業上の選択肢を示したいと思ったことが，私がこの本を書いたきっかけです。

　皆さんが，経営者と対等の目線で個々の経営マターに対峙できる社外プロCFO（パートナーCFO®）としてのセルフイメージを確立し，自身のコンサルティングメニューを可能な限り幅広く揃え，受注を受けて実際に様々なサービスをデリバリーする。そしてリピーターになってもらい，クライアント企業の良きパートナーとなって，最終的に当該企業の発展の一翼を担うところまで行き着いていただくのが，この本の目指すゴールです。

　この本を通じて，CFOという職業がより多くの方に認知されること，そして，ひとりでも多くの方が誰かにとってのかけがえのない「パートナーCFO®」となり，やりがいのある豊かなビジネス人生を送られることを願ってやみません。

一般社団法人日本パートナーCFO協会代表理事

高森厚太郎

読者特典

　これだけでも社長の参謀になれる?!　本書でも紹介した，会社のチャンスとリスクを全て洗い出し戦略課題を発見するツール「環境分析フレームワーク集×理念・戦略の風車モデル」と解説動画を，特典としてプレゼントします。

ツールのダウンロード，動画視聴はこちらのURL，QRコードから。

http://presea-consulting.co.jp/p-cfo3/lp00/

【著者紹介】

高森　厚太郎（たかもり　こうたろう）

一般社団法人日本パートナーCFO協会代表理事

東京大学法学部卒業。筑波大学大学院，デジタルハリウッド大学大学院修了。日本長期信用銀行（法人融資），グロービス（eラーニング），GAGA/USEN（邦画制作，動画配信，音楽出版），Ed-Techベンチャー取締役（コンテンツ，管理）を歴任。
現在は数字とロジックで経営と現場をExitへナビゲートするベンチャーパートナーCFOとしてベンチャー企業などへの経営コンサルティングの傍ら，デジタルハリウッド大学大学院客員教授，グロービス・マネジメント・スクール講師，パートナーCFO®養成塾塾頭等も務め，事業や個人のプロデュースに注力している。

中小企業診断士，事業再生士（CTP），一級知的財産管理技能士（コンテンツ専門業務）

中小・ベンチャー企業
CFOの教科書

2020年 5 月10日　第 1 版第 1 刷発行
2023年 6 月30日　第 1 版第10刷発行

著　者　高　　森　　厚太郎
発行者　山　　本　　　　継
発行所　㈱中　央　経　済　社
発売元　㈱中央経済グループ
　　　　パ ブ リ ッ シ ン グ

〒101-0051　東京都千代田区神田神保町1-35
電話　03 (3293) 3371 (編集代表)
　　　03 (3293) 3381 (営業代表)
https://www.chuokeizai.co.jp
印刷／三英グラフィック・アーツ㈱
製本／㈲井 上 製 本 所

© 2020
Printed in Japan